コート上でベストのパフォーマンスを発揮する

テニス メンタル強化メソッド

実業之日本社

PERFECT LESSON BOOK

JN186550

はじめに

絶対に損しない「心」のトレーニング

本書のタイトルに興味を持ったあなたは、きっとご自身で「メンタルが強くない」と自覚しているか、もしくは「自分のメンタルをさらに強くしたい」と思っているのでしょう。メンタルが強いと自負している人なら、この本を手に取ることはないからです（笑）。

僕自身プロの世界に入ってから「メンタル面」はずっと課題だと自覚していました。しかし、自覚していたからこそ「メンタルトレーニングを受けるのは、メンタルが弱いと公表しているようなもの」と、ずっと避けていたのです。

本格的にメンタルトレーニングを受けたのは引退を考え始めた30歳のときです。「もう今年で最後にしよう。最後にやるだけのことをやろう！」と思って取り組んだのがメンタルトレーニングでした。

効果は抜群でした。それまで10年以上届かなかった全日本テニス選手権で優勝できたのです。「これで負けたら引退」と思っていた大会で優勝。現役生活は5年も伸びました。

メンタルトレーニングを受けてもっとも後悔したのは、「こんな簡単なことをなぜ避けていたのか？」ということです。やってみてわかったのは、メンタルトレーニングは、筋力トレーニングや、スキルトレーニングと同様に、「テクニック」だということでした。

たとえば大腿二頭筋を鍛えるにはそれに即した筋力アップのトレーニングテクニックがあるし、スピンサーブをマスターするにはそれに適したスキル上達テクニックがあります。それと同じように、弱いメンタルも、「テクニック」で強くすることが可能なのです。

ここで紹介しているのは、僕が、見た、聞いた、やってみた、メンタルトレーニングの実践例です。はっきり言って、たいしたことではありません（笑）。誰でもできることばかりです。しかし、ここで紹介している「テクニック」をマスターすることで、あなたのメンタルは確実に強くなります。オンコートの練習とともに、ぜひ本書のメンタル強化法を日々の取り組みに加えてください。

岩渕　聡

コート上でベストのパフォーマンスを発揮する

テニス　メンタル強化メソッド　目次

Keyword

コート上でベストのパフォーマンスを発揮する
テニス　メンタル強化メソッド　目次

Keyword

CHAPTER 4

メンタルで試合に勝とう——オフコートでの実践

145

Keyword

コート上でベストのパフォーマンスを発揮する
テニス　メンタル強化メソッド　目次

Keyword

CHAPTER

1

なぜテニスはメンタルスポーツと言われるのか

テニスをやっている人なら「テニスって本当にメンタルスポーツだな〜」と思うはずだ。

うまくいっているときには気にならないのに、
うまくいかないときには気になって仕方がないのが「心」の部分。

メンタル次第で、勝つ試合もあれば、負ける試合もある。

まずは、実例を挙げながら、メンタルスポーツと言われるテニスを考察していこう。

Key word

01

テニスはハードルが高いスポーツ メンタルを鍛えて強くなろう

錦織圭選手の活躍もあってテニスはかつてないほどの注目を集めています。「錦織選手のようになりたい！」。そう思っているジュニアも、「錦織選手のようにさせたい」と考えている親御さんも多いと思います。

しかし、最初に言っておきたいのは、**テニスは本当にハードルが高く厳しい競技**だと言うことです。どれほど厳しいのか、僕の例を紹介したいと思います。

僕が全国区で知られるようになったのは小学6年生。全国小学生テニス大会で優勝してからです。その後も順調で、全中を獲り、柳川高校に進んだ高3のときはインターハイ、全日本ジュニア、ジャパンオープンジュニアの3冠を達成しました。わかりやすく言うと18歳のときに日本で一番強いジュニアが岩渕聡だったわけです。

これがテニスでなく野球だったら……間違いなくドラフト1位でプロ球団に指名されて

いたと思います。

それはさておき、僕も高校卒業と同時にプロ契約を結びました。当時のテニス界では破格の契約だったと思います。しかし、大変なのはそこからでした。

テニスがプロ野球と違うのは、**高校時代の実績とか、日本で何番目の選手だとか、そんなことは一切関係ない**ということです。プロ野球なら高卒の選手が1年目からレギュラーを獲ったら大変なニュースになりますが、テニスは国内でどんなに成績を挙げてもニュースになることはありません。プロ転向と同時に世界が相手となるからです。

僕の最高世界ランキングはシングルスが223位。ダブルスが125位です。デ杯の代表選手にもなったし、全日本選手権のシングルスで2連覇も達成しています。それだけの数字、実績があっても、あまり顔を知られていないのがテニス選手なのです。

理由は簡単です。野球は、国内の活躍や成績で評価されますが、テニスは、世界で活躍し、ランキングを上げて、四大大会に出ないと評価されないからです。

錦織選手への注目が一気に高まったのはUSオープンで準優勝し、ランキングトップ10入りしたからです。もちろん、それまでも錦織選手は注目されていましたが、日本中の誰もが彼の顔だけでなく、子ども時代のエピソードまで知るようになったのはＵＳオープンの活躍以降のことです。

四大大会への出場経験もない世界２２３位のテニス選手はたいして注目も集めませんでしたが、個人的には「やり切った感」がある現役生活でした。ただし後悔がひとつだけあります。それが弱かったメンタルです。

弱いことを自覚していたから避けていたのがメンタルトレーニングでした。メンタルトレーニングに取り組んだのは現役生活の終盤を迎えてから。もっと早くやっていれば、違ったプレイヤー人生があったかもしれません。

やってみて実感したのは**「メンタルを鍛えるのは難しいことではない」**ということ。そして**どんなレベルの人にも役に立つ**ということです。この本では僕が経験したメンタルの強化法をわかりやすく紹介していきたいと思います。

Key word

02

みんなゼロからのスタート 才能なんてわからない

はじめて硬式テニスのボールを打ったのは小学3年生のときでした。両親は軟式テニスの経験者。息子には硬式をやらせたかったのでしょう。父親に言われるままにSSC（湘南スポーツセンター）の選抜クラスのテストを受けに行ったのです。

それまではサッカーと剣道を習っていました。サッカーは楽しくて、剣道は嫌々でした。剣道をやめられるのならテニスでもいいか！　くらいの気持ちでした。だからテニスも自分の意志で始めたわけじゃなくて父親の強制。**「おとうさんに怒られたらどうしよう」**……これが子ども時代の**最大のプレッシャー**でした。

僕はそもそも引っ込み思案な子どもでした。テストを受けに行ったときは、母親に「（コーチに）左利きって言っといてね！」と念を押したほどです。しかも硬式のテニスボールを打つのははじめて。受かるはずがありません。好むと好まざるとにかかわらず、小学3年生にして「落ちる」という経験をしてしまったわけです。

そうした僕に「スクールから始めよう！」とコーチが言ってくれました。そこからのスタートです。別にテニスがしたかったわけではありませんでしたが、父親が怖かったから仕方なくのスクール通いです。そして3、4か月すると「明日から選抜クラスに行け！」と上にあげてくれたのです。

自分にテニスの才能があったかどうかはわかりませんが、テニスはまったくゼロからの出発。**色がついてなかったから上達が早かった**んだと思います。

選抜クラスにはむちゃくちゃうまい女の子たちがいました。それが杉山愛（世界最高ランキング8位）と吉田友佳（世界最高ランキング52位）。「凄い子がいるな」と子ども心に思ったものです。

自分が「強いのかな」と思ったのは、小6で全国小学生大会で優勝してから。それまではガミガミ言っていた父親でしたが、小6の夏以降、ぴたっとテニスのことは言わなくなりました。

理由はもうわかっていました。心の中に「**テニスが楽しくてしょうがない自分**」がいたのです。積極性が出てきました。練習が楽しくなってきたのです。父親も、もう僕にいろいろ言う必要はないと思ったのでしょう。

杉山愛（左）、吉田友佳（右）は、SSC時代から一緒に世界を目指した同級生。シングルスで世界8位を記録した愛は、ダブルスでは全仏、全英、全米で優勝し世界に。シングルスで52位を記録した友佳は、現在、フェドカップ監督として活躍中

Key word
03
テニス人生を伸ばしてくれたメンタルトレーニング

僕はメンタルトレーニングをやること自体、「メンタルが弱い」と認めているみたいでずっと避けていました。周りからは感情を表に出さない選手と見られていたかもしれませんが、それは自分のメンタルの弱さを隠すための装いだったのです。

2005年の春。プロ12年目を迎え、年齢も30になっていました。プロとしてあと何年できるかわかりません。実際プロ生活にも疲れを感じ始めていて「引退」の二文字が頭によぎりました。そのときです。自分のキャリアを振り返ったときに「何も残すものがない」と気づいたのです。

このまま終わりたくない。プロになったときには、「世界で100位」、「日本の代表」、そして「全日本選手権で優勝」という3つの夢がありました。デ杯の代表選手にはなったもののもう世界の100位には届きそうにありません。現実的に可能性があるのは、もうひとつの夢の実現しかありません。そこで目標を立てました。秋に開催される全日本選手権での優勝です。全日本は24歳のときに決勝までいきながら、柳川高校の先輩、本村剛一選手に敗れて優勝を逃した大会です。それからはずっと優勝候補に挙げられながら勝てません。全日本は僕にとって相性の良くない大会となっていたのです。

優勝するためには「何かを変える必要がある」。そして**最後の最後で取り組んだのがメンタルトレーニング**だったのです。

僕は本来気が短いタイプです。審判のジャッジや相手の挑発が気になり出すとプレイに集中できません。それを自覚していたので、意図的に感情を抑えていました。感情を無理矢理抑えているので、試合中のテンションはいつも低く、メンタルを程よい興奮状態に持っていくことができなかったのです。

課題はわかっていました。熱くなりすぎるのが怖くて**心にブレーキをかけて**いる。その部分を**取り払う**ことです。

メンタルトレーニングに取り組んでまず行ったことは先生との会話でした。自分の気持ちを素直に出すことをずっと避けていましたが、先生には包み隠さず何でも話しました。そして話すうちに自分の**弱点があぶり出されて**きたのです。

プレッシャーばかりの全日本は「出るのも嫌」と言っていましたが、本当は、全日本で勝ちたくてたまらない自分がいることがわかったのです。

先生と話し合う中で全日本を戦うテーマは「自分をアピールする」ということにしました。「勝ちたいという気持ちを全面に出していこう！」。それが僕らの合い言葉でした。

本格的にトレーニングを開始してからは、自分が「困っていること」を書き出して整理しました。困っている原因は何かを突き詰め、緊張要因となるモノを客観的に挙げ、そして**困ったときには「どうする？」という約束事を作って**いきました。心の中でもがいていた自分の背中をメンタルトレーニングが押してくれたのです。

半年間取り組んだメンタルトレーニングは驚きの結果を生みました。目標の全日本選手権前に行なわれたジャパンオープンのダブルスで優勝したのです。そして全日本の1回戦では23ポイント連続奪取。そのことに自分では気がつかないほど試合に集中することができたのです。

決勝の添田豪選手との一戦は、ファイナルセットでタイブレークにもつれ込む大激戦となり、先にマッチポイントを迎えました。

最高のショットを打ってネットに出ましたが、添田選手はスーパーショットで切り返してきて、ポイントを奪われました。そのときには正直、「あぁ、また勝てないのか……」と思いました。しかし、次の瞬間に**「終わったポイントは仕方がない。切り替えろ！」**と自分に言い聞かせることができました。

メンタルトレーニングのおかげで**「これだけやって負けたら仕方がない」**と開き直ることができたのです。

優勝を決めたときはガッツポーズをとっていました。プロになってからガッツポーズなどしたこともなかった僕が自然に手を挙げていたのです。初優勝してからはリラックスして試合に臨めるようになりました。そして、プレッシャーがかかるので出場することすら嫌だった全日本選手権でも、楽しく戦うことができ2連覇を達成しました。メンタルトレーニングを取り入れたことで、30歳から引退するまでの5年間は本当に気持ち良くプレイすることができたのです。

Key word
04
メンタルトレーニングはやっておいて損のないテクニック

すっかり自分のエピソードになってしまいましたが、メンタルトレーニングを行なってわかったことは、**「メンタルのトレーニングもテクニック」**の一つということです。筋肉を鍛えるのと同じようにメンタルも鍛えることができるのです。

わかりやすく言えば、**立ち居振る舞いや呼吸法を知っているだけで心を落ちつける**ことができるのです。

たとえば、集中を高めるためには「近いところをじっと見るのが良い」とされていますが、ポイントとポイントの間中、ずっと一点を見つめるのは苦しいものです。そういうときは、一度遠く（空でも雲でも）に視線を移し、そして近く（ストリング等）に視線を戻すのが効果的だそうです。こういったことは簡単に覚えられるテクニックでしょう。それで集中力を高めることができるとしたら、**メンタルトレーニングは「やっておいて損はない」**ことだと思いませんか！

また、メンタルトレーニングは相手の分析にも役立ちます。トレーニングを受けている人は、相手の行動がおかしくなったときに、相手の心に何が起こっているのかすぐにわかります。たとえばイライラしている相手はファーストサーブとセカンドサーブの間合いが短くなります。そういうときに**あえてゆっくりと間を取ってリターンに入る**のです。心が乱れている相手はさらに苛ついてダブルフォールトしてくれるかもしれません。メンタルトレーニングを実践していれば、そういう心理戦を仕掛けることも可能なのです。

技（テクニック）の修得には時間がかかりますが、心（メンタル）の強化にはそれほど時間はかかりません。メンタルを強化する方法を一緒に学んでいきましょう。

Key word

05

自分のテニスって何？身の丈にあったプレイをしよう

ＧＡＭＥという言葉は、心理学用語では「陥《おとしい》れる」という意味があるそうです。それは戦術やテクニックを使って相手を陥れるという面もありますが、その半面で、自分が（メンタルで）暴走してしまって、勝手に穴に落ち込んでしまうという意味も含まれます。

テニスの世界では「自分のテニスをするだけ」という選手のコメントが聞かれたり、「自分のテニスをしろ」というコーチのアドバイスもあります。しかし現実には、必ず相手がいるわけですから、「自分だけのテニス」ができるわけではありません。

しかし一方で、相手のことばかり考えていては自分の力が出せない、という現実もあります。これがＧＡＭＥの本質です。

自分のテニスとは、突き詰めれば**「自分の得意なショットを生かして自分の得意なパターンに持ち込むこと」**でしょう。そのテニスをするために練習し、試合でも同じことができたときが「自分のテニスができた」ときです。もちろん、そういうテニスができたときは**メンタルも最高の状態なので勝つ確率が高い**と思います。

ここでキーワードとなるのが**「身の丈にあったテニス」**という言葉です。**自分のことがわかっていて、相手のこともわかっていれば、**いろんな外的要素に囚われることなく自分のテニスに集中することができます。

たとえば、相手がこちらの弱点のバックハンドを突いてネットに出てきたとします。ダウン・ザ・ラインにパスを抜く自信はありません。でも、クロスに返すことならできそうです。その状況では「ダウン・ザ・ラインのパス」＝「できないこと」。「クロスのパス」＝「できること」という図式になります。

この場合、**「身の丈にあったテニス」を第一に考えれば無理矢理ダウン・ザ・ラインのパスを打つ必要はありません。クロスのパスで十分です。**たとえ一本で抜くことができなくても、できることをやっていればネットを越すボールを打っただけで相手がミスしてくれるかもしれません。

そうやって、できることだけやっていれば、どんな相手と対戦しても力む必要はありません。それが「自分のテニスをする」ということなのです。

Key word

06

調子が良い自分を見つける

テニス界にメンタルタフネス・トレーニングを導入したジム・レーア氏は、数多くの選手たちにヒアリングした結果を元に、調子が良いときは、

肉体的にリラックスしている
精神的に落ち着いている
何も不安がない
戦う前から意欲満々
楽観的な態度で戦うことができる
楽しくプレイできる
無理なく自然にプレイできる
自信満々にプレイできる
注意力を払いながらプレイできる

集中してプレイできる
自分の心を律しながらプレイできる
といった心理状態になっていると分析しています。

これらのキーワードを聞くと、誰でも「あのときの自分だ」と思い起こすことがあるはずです。これらが自然に得られるようになれば、試合中のメンタルタフネス（精神的な強さ）は飛躍的に向上します。

引退を覚悟して臨んだ２００５年の全日本選手権１回戦のことです。僕が第１セットのセットポイントでミスをすると会場が騒然としました。僕は何が起こったのかわかりませんでした。試合後に聞かされたのは「23ポイント連続で取っていた」ということです。

これはメンタルトレーニングの成果を試す最初の試合でした。僕は**完全に入り込んでいてポイントのことに気づかなかった**のです。それだけ集中していたということ。右のキーワードでいえば**「集中してプレイできる」**や**「自分の心を律しながらプレイできる」**という最高の心理状態だったということでしょう。

読者のみなさんも、試合が終わった後に、右のキーワードと自分のプレイを照らし合わせて、自分がどんな心で今日の試合を戦えたのか、振り返ってみるのも悪くないと思います。

メンタルトレーニングを受けてから全日本選手権で2連覇を達成。プロになったときの目標をクリアした

Key word

07

試合で調子が悪いときは……どうする?

試合になると、どうしても、調子が良いときと、悪いときが訪れます。調子が良いときは問題ありません。何とかしたいのは調子が悪いときです。

調子が悪いときは、「このショットが入らない」とか、相手が「どう打ってくるのかわからない」とか、**余計なことを考えがち**です。しかし、そんなことを考えても仕方ありません。調子が悪いときは、自分の**「身体の動きに集中」**しましょう。それがもっとも手っ取り早い解決策です。

たとえばサーブが入らないときは、「トスを正確に上げる」、「下半身に体重を乗せる」、「身体を開かない」と考えるわけです。それはいつも練習で行なっていることですからシンプルです。**簡単なチェック項目を設けるだけで練習と同じような気持ちでプレイに入ることができるのです。**

ラリーになったときも同じです。調子が悪いときに、「フォアハンドでクロスに厳しく打とう」と考えると、ネットミスしたり、サイドアウトしてしまいがちですが、思考を変えて、「軸足の置き方」や「打点」だけを考えれば自然にクロスに打てるはずです。**練習で注意している点を思い返して、練習のように打つ。**これが不調を脱する最高の解決策と言えます。

ミスは取り戻せません。**終わったことをぐずぐず考えるのが最悪**です。それではいつまでも調子が悪い自分を引きずってしまいます。反省しても、しなくても、出るミスは出るものです。

どうしても反省する気持ちが芽生えたときは、テクニック的な反省はやめて、「もっと深いボールでつなごう」とか「相手にバックで打たせるようにしよう」といった単純な思考を持ちましょう。そうやって**ひとつのことに徹すると他の事が気にならなくなってきます。**「何か変わってきたぞ!」と思えたときは、もう調子が上がってきているはずです。

Key word

08

心・技・体はどの順番で並ぶのか？

テニスは「スキルスポーツ」と呼ばれていました。**スキル＝テクニック（技）**と言い換えても構いません。フォア、バック、ボレー、サーブ、スマッシュ。すべてのショットでスキルが上回るほうが試合にも勝てるし、上級者だとずっと考えられていたのです。

しかし「一芸」の項目でも紹介している（59ページ）ように、昔ならバックハンドで打つべきボールをフォアハンドで回り込んで打ち込んでくるのがいまのテニスです。平均的にフォア、バックを打てる選手より、バック側に来たボールをフォアで強打できる選手のほうが試合に勝てるのが現実です。

その背景にあるのが**フィジカル（体）**の進歩です。苦手なショットをフィジカルの強さでカバーしようという考え方が生まれたのです。そうなるとスキルよりもフィジカル優先の考え方が出てくるのも納得です。

もちろん、トッププロたちは抜群のスキルを持っていますが、一般プレイヤーと圧倒的に違うのがフィジカルの強さです。そして、フィジカルを獲得した彼らが次に追い求めるのが**メンタル（心）**の強さです。なぜなら、**テクニックでもフィジカルでも互角なら、勝敗を分ける大きな要因がメンタルということになってくる**からです。

とはいえ、この流れを一般プレイヤーにそのまま当てはめるのは無理があります。プロは「勝つ」ことが唯一の目標ですが、一般プレイヤーは勝つよりも「楽しむ」ことが大きな目標となっているからです。

テニスを楽しもうと考える週一プレイヤーなら、苦しいフィジカルトレーニングに重点を置くことはまずないでしょう。それよりもバックのスライスが苦手な人だったら「どうすればうまく打てるようになるか？」のほうを優先すると思います。それはそれで正解です。**勝つテニスと楽しむテニスは根本的に違っていて当然**だからです。

ではメンタルはどうでしょう？　これは**プロでもアマでも根本の部分は同じ**ではないでしょうか？　勝ちたい、という意志と、うまく打てるようになりたい、という意志は、その**想いの強さに正比例する**と思います。プロでもアマでも、メンタル的な欲求の強さに違いはないのです。

Key word

09

強靭な肉体に 強靭な精神が宿る……は本当か？

競技レベルが高いトップアスリートの場合は、**心・技・体のバランスが整ったときに最高のパフォーマンスが発揮**できます。しかし**競技レベルが低い選手の場合は、心・技・体のバランスはバラバラ**。それにジュニアの場合は、**心・技・体は、技↓体↓心の順番で並ぶのが普通**です。

パフォーマンスに影響する心・技・体の割合は、競技レベルによって次ページの図Aのように表すことができます。

つまり、先に伸びるのは、テクニック（技）の部分で、その次に、フィジカル（体）が必要となり、**心の部分が本当に重要になってくるのは、競技レベルが高くなった最終段階に入ってから**ということ。言い換えれば、高い競技レベルで力が拮抗したときに、「心」の強さが勝敗の鍵になるということです。

パフォーマンスに影響する心・技・体の割合

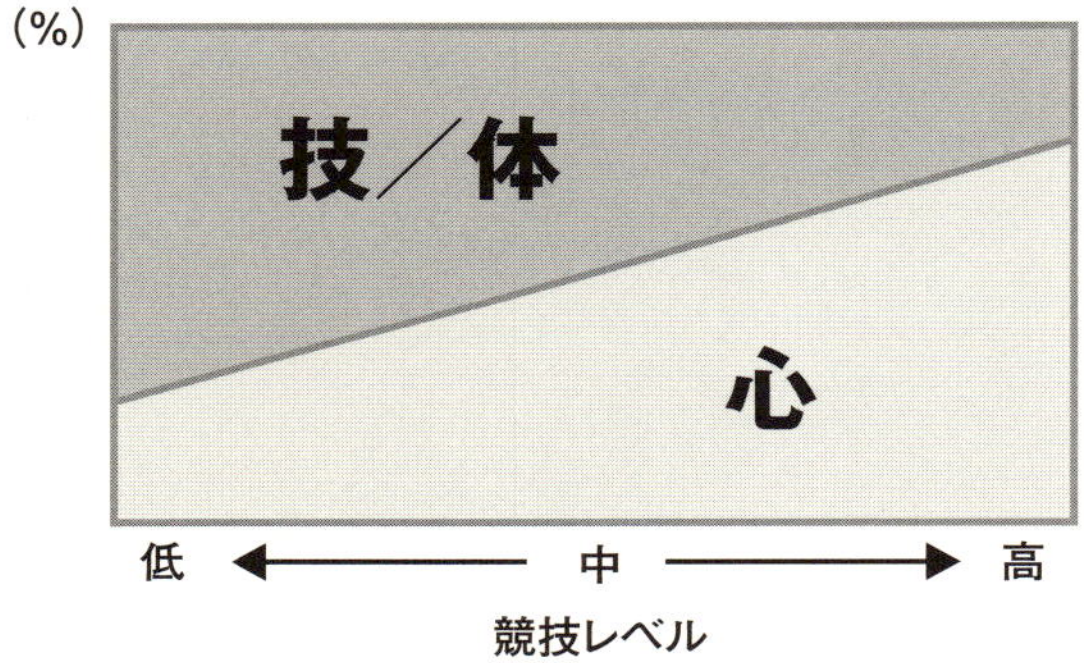

これは、心・技・体がパフォーマンスにどう影響するか模式図にしたもの。競技レベルが低いときは、技や体がパフォーマンスに大きな役割を果たすが、競技レベルが上がってくると、心の部分が果たす役割が大きくなる。

(図A)

ジュニア選手の成長を見ると、低年齢のクラスでは、まず技（テクニック）を持っている選手が良い成績を挙げます。次の成長段階に入ると、体（フィジカル）がある選手が良い成績を挙げます。身体が成長せずに、技だけの選手はここでふるい落とされてしまいます。

その後は、技＋体を持った選手の戦いが長く続き、その中で心（メンタル）の強さを備えた選手が抜け出し、技＋体だけの選手はふるい落とされてしまいます。これが一般的なテニス選手の成長曲線です。

わかりやすい例は錦織圭選手でしょう。10歳の頃から天才との誉れ高かった錦織選手はテクニックの高さが圧倒的でした。指摘されたのはフィジカルの弱さでしたが、それもプロになって克服し、フィジカルが強くなったことで、もともと強かったメンタルがさらに強くなりました。

フィジカルが強くなるとメンタルも強くなると言われています。「強靭な精神に強靭な肉体に宿る」という言葉がありますが、これはスポーツ心理学の世界では**常識的な考え方**です。体が強くなることで心も強くなることがわかっているのです。

図Bがその模式図ですが、このように体力がアップすることで、心の強さもアップする

体力がアップすると心も大きくなる

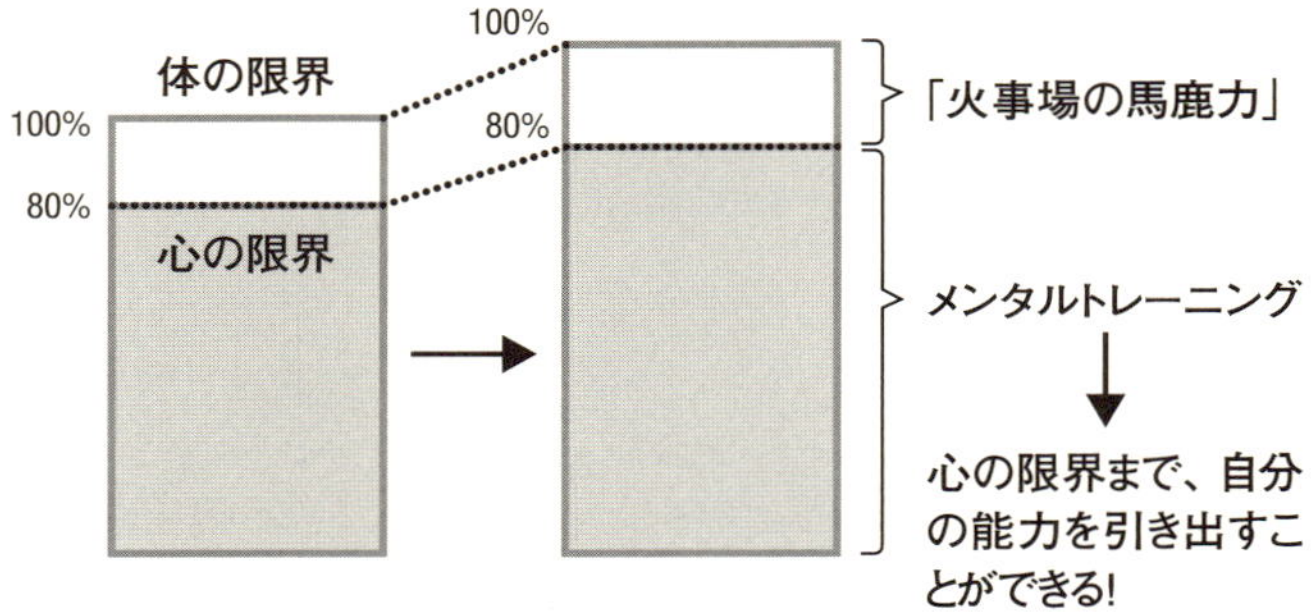

体力がない人でも体力がある人でも「心」と「体」の限界は同じように訪れるが、体力がある人の器は模式図のように大きい。つまり、体力がない人が限界を感じるレベルでも、体力がある人は限界を感じない。フィジカルが強くなればメンタルも強くなる。メンタルトレーニングによって心の限界を引き上げることで自分の能力を最大限発揮させることができる。

(図B)

のです。人間は「限界」を感じたときに、まず心が反応します。しかし肉体的な限界はその先にあり、心と体のマージン部分にあるのが「火事場の馬鹿力」と呼ばれる領域です。

図を見てわかるように、体力アップすれば、心の限界が引き上げられます。つまり、**心を強くしようと思ったらメンタルトレーニングだけでなくフィジカルトレーニングも必要**ということです。

Key word
10
才能があったのに消えていった仲間たちの共通項

スポーツ選手にとって、「君、才能あるよ！」と言われるのは最高に嬉しいことです。しかし、才能があるからといって大成するわけではありません。元プロ野球選手の桑田真澄さんは、「ＰＬ学園には自分よりすごい奴がいっぱいいたけど、結局ピッチャーで生き残ったのは俺だけだった」と言っています。生き残った理由は、桑田さんが**誰よりも自分の才能を疑って、人一倍の努力をしたから**です。

全国から才能が集まっていたのが柳川高校でした。先輩にボレーのセンスが抜群で憧れていた人がいました。しかしながら、その先輩には厳しい練習を頑張る才能が足りませんでした。テニスは**テクニックだけでなく、フィジカルもメンタルも含めたトータルの才能が必要**なのです。

プロになって実感したのは、「単調な練習を繰り返す才能」が大切だということです。**面白くない練習を毎日やっている人が伸びる**のです。

テニスはある程度までいくと、もう目に見えるような上達はありません。特にプロになるような選手のテクニックは固まっていて、それを「ほんのちょっと伸ばす」ための練習を来る日も来る日も繰り返します。そこのメンタルの持ち方は本当に大変で、僕はその部分で練習をきつく感じていました。

僕のようなレベルですらそう感じていたのです。ところが錦織圭選手は、高校生でも行なうような反復練習のときでも入念なウォーミングアップを欠かしません。誰よりも凄い才能を持っている錦織選手が、単調な繰り返し練習を、手を抜かずにやっているわけです。

現状に満足しない。

これが**才能をさらに伸ばすためのキーワード**です。本当に一流になった人は、持って生まれた才能＋努力を欠かさない才能を兼ね揃えた人なのです。

CHAPTER

2

上達が止まったときがメンタルに取り組むチャンス

「メンタルを強化しなくては？」と思うのは間違いなく壁にぶち当たったときだ。
練習してもうまくならない、試合をやっても勝てない。これでは面白くない。
そんなときこそメンタルトレーニングに取り組むチャンスと考えよう。
心・技・体の中でもっとも簡単に取り組めるのが心のトレーニング。
心のトレーニングも一種のテクニックと捉えよう。

Key word

11

負けを認める言葉を心から閉め出そう

テニスは一対一の戦いです。「負けてもいいや」と思って戦う者はいません。しかし、一対一の戦いだからこそ「どうにもならないとき」があります。コートでやりとりすると、実力がモロに出てしまうのです。「あんなに頑張ったのに」……そう思っても、残酷なことに、必ず勝者と敗者が出てしまうのです

そうです。テニスではどんなに頑張っても1ゲームも取れないときがあります。努力では**実力差を埋められないスポーツ。それがテニスの現実**です。

打っても、打っても通用しない。あんなに練習してきたショットが簡単に跳ね返されてしまう。何をしていいのかわからない。努力では埋まらない現実が目の前に現れることがあります。そうなると一生懸命やっていた人ほど悲しみが大きくなります。テニス（スポーツ）は**一生懸命取り組んだ人ほど、結果が出ないときの悲しみや苦しみが大**

きくなるのです。

そういう現実があるから、ともすると「あいつには勝てない」→「どうせ一番にはなれない」→「絶対プロなんか無理だ」→「それじゃやっても仕方ない」という思考が芽生えてしまいます。実際はこんな簡単な図式ではありませんが、自分をはるかに上回る才能を目の当たりにして、テニスをやめてしまった仲間を知っています。

僕自身、ジュニア時代に「岩渕君にはかなわない」と言われたことがあります。しかし、相手を認めて、そこで終わってしまってはダメです。それでは絶対に強くなりません。いまは負けても、将来はリベンジできるかもしれないのです。**スポーツには「負けて強くなる」という側面がある**のです。

それでは手も足も出ずに負けたとき、「絶対こいつには勝てない」と思ったとき、どんな心を持って明日からの練習に取り組めば良いのでしょう？

ひとつの方法は**「負けを認める言葉を閉め出す」**ということです。負けを100％認めたら本当にダメになってしまいます。

プロの世界で有名なのは、ラファエル・ナダルに17連敗していたトーマス・ベルディヒが、18試合目で雪辱した例です。プロテニスの長い歴史でも17連敗は3例しかないそうです。それでもベルディヒは「いつかは勝てる」と信じて戦っていました。ベルディヒがひとつ勝ったことで、ナダルとの関係が変わってくるかもしれません。僕は次に2人が対戦する日が楽しみでならないのです。

もう一つの方法は**「いまの自分では勝てないけど……次は」**と思うことです。負けたときには楽観的に**「まだ自分は成長途上」と割り切る**のです。こう考えることで敗戦のショックを軽減することができるし、明日からの練習に前向きに取り組むことができます。

どんなスコアで負けたとしても「次は何とかなる」。そういったポジティブな気持ちを持つことが大切なのです。

Key word
12
「もう無理」はNGワード 弱気な言葉が心まで弱くする

あなたは、試合に負けたときや、苦しい練習をしているときに、投げやりな気持ちになって、「もう無理」、「どうしようもない」、「勝てるわけない」といった弱気な言葉を吐いていませんか？

スポーツ心理学的では、そんな弱気な言葉は**「負けたときの言い訳を用意している」**と理解されています。

あなたの周りにいるメンタルが強い人を思い浮かべてください。その人の口から「もう無理」という言葉が出たことがありますか？　たぶん聞いたことはないでしょう。彼らは**「もう無理」という言葉を封印しているから**です。メンタルが強い人は「無理」と感じても、「いまは厳しいけど次は何とかする」と考えるように訓練しています。だから、無理という言葉は出てこないのです。

プロ選手には試合後のインタビューが義務付けられています。テレビで見た方もいることでしょう。彼らは一方的に負けたときでも「今日は相手が良かった」、「今日は自分の日ではなかった」という言い方をするのが普通です。同じ土俵で戦っている相手に対し、「あいつに勝つのは無理」という言葉は絶対に使いません。

彼らは**「無理」と思った瞬間に心は折れて、その相手に二度と勝てなくなるのを知っている**からです。

僕はどんな相手とやっても「無理」とか「かなわない」と思ったことはありません。それよりも、「あんなショットを打ってくるんだ」、「あのショットだけは通用したな！」と思うタイプ。この点ではプロ向きの性格だったかもしれません。

凄いショットを受けることで、自分に足りない部分がわかります。また、格上の相手に通用したショットは自信になります。**負け試合の中でも発見することはいっぱいあるのです。**

Key word
13
壁にぶつかったときがチャンス スランプを乗り越えてブレイクスルー

テニスの技術は毎日練習した分だけ上達するわけではありません。**技術の習得は足し算ではない**からです。1＋1＝2ではなく、「三歩進んで二歩下がる」の連続。これがスポーツの本質です。コツコツとした積み重ねがないと本当の技術は身につきません。それがわかっていないと、先に、先にと思う気持ちばかり強くなって、すぐに壁に突き当たってしまいます。

誰だって、「伸びるとき」と「止まるとき」を経験しているはずです。そして、上達が止まってしまったときは焦ります。それが続くと、やる気がなくなってしまったり、人の上達がねたましくなったりするものです。

自分の進歩を感じられなくなって、それで試合で負け続けたりするときに感じるのが**「スランプ」**です。しかし、スランプに陥っても、ちょっとしたきっかけで、突然、見違えるような上達を見せることがあります。

これがいわゆる「ブレイクスルー」という状態です。

真っ当な日本語でいえば「一皮むけた」と言うのでしょうが、若者言葉風に言えば、「何か強くなってねー!?」というのがブレイクスルーです。ブレイクスルーは、**それまでの壁を一気に突き抜けて、一段階上のレベルに達した**、という現象です。

物事が上達する過程では必ず停滞する時期があります。ずっと上達し続ける人なんていません。どんな人でも、どこかでブレーキがかかってしまいます。右肩上がりだった階段のステップで一休みしているような状態です。

テニス選手に限らず、どんな競技の選手にもこのような停滞期が訪れます。スポーツ心理学ではこのような時期を「**プラトー**」と呼んでいます。**プラトーは、次の成長を生み出すためにパワーを溜めている時間**です。ここを抜けると新しい世界が広がります。

ところが、このプラトーの時間を「スランプ」と勘違いしてしまうことがあります。「もうこれ以上やっても無駄」、「ここが自分の限界」。そう思って、ブレイクスルー直前で、それまでの努力を放棄してしまうのです。これほどもったいないことはありません。

スランプは、100%の努力を払ってもうまくいかなくなった状態です。言い方を換えれば「壁にぶつかった」と状態と言うことができます。

しかし、壁にぶつかるということは、その壁まで達したということの裏返しです。**スランプを感じるということは、壁まで達したという証**に他ならないのです。その壁を乗り越えることができれば、あなたは必ず成長します。

ステージが上がれば、新たな壁が次々とあなたの前に現れます。その壁を乗り越えていくことを楽しみましょう。スランプはレベルアップしている証なのです。スランプを感じたら「また来たか！」と歓迎してみましょう。

Key word
14
100球ノーミスラリーでスランプを乗り越えろ

「壁」を感じたのはプロになってからです。ジュニア時代はスランプに陥ったことなんてなかったので、はじめて「壁」を感じたときには、自分ではどうしていいのかわかりませんでした。そんな僕に対し、コーチが提案してきたのがクロス打ちです。壁を感じたときに**「これをやれ！」と言われたのが……高校のはじめに戻るくらいの基本練習**だったのです。

最初は意味がわかりませんでした。クロス打ちはテニスの基本中の基本。僕は自分ではクロスに打つのが得意だと思っていました。だからその練習を提案してきたスウェーデン人コーチに「もっと違う練習があるだろう！」と不信感さえ覚えたのです。

ところがこれが大変でした。高校時代に死ぬほど練習したと思っていたクロスストロークがうまく打てないのです。「あれ？　俺ってこんなに下手だったんだ。こんなこともできないんだ！」と自分に苛ついてしまいました。そのときはじめて気づいたことがあります。それが練習意識の甘さでした。

高校時代の練習では「ネットを越せばいい」くらいの意識しか持っていませんでした。ミスさえしなければ勝てたからです。ところが、このときコーチから与えられた設定は「あのスペースに打て」というものでした。そのクロスコートのラリー（これこそ世界標準）が自分でも驚くほどできなかったのです。

同じような基礎練習をデ杯の特別コーチだったボブ・ブレットからも課せられました。それは深いボール（サービスボックス内はNG）を2人で30往復させるというストローク練習です。失敗すると一球目からのやり直し。簡単なようですが、ゴールが近づくとどんどんプレッシャーが高まっていきます。ブレットは緊張が高まったときでも平常心でいられることを僕らに望んだのです。

デ杯で戦った韓国選手たちは、驚くべき体力と正確なストロークを持っていました。聞くと基礎練習の取り組み方が僕らとはまったく別次元でした。

代表レベルの練習で彼らが与えられるボールはたった一個。それで2時間ずっとストロークを行なうと言うのです。設定は「ミスしないこと」。一個のボールを大事に大事に繋ぐのです。その練習を行なうと当然体力がつきます。それに集中力も高まります。まったく効率的な練習とは思えませんが、そういう基礎練習を積み上げてきた彼らは恐ろしく強かったのです。

自分の経験を踏まえてお勧めするのは、**スランプに陥ったときには基礎練習に立ち戻る**ことです。そして**その練習には本気で取り組んで**ください。けっして楽しい練習ではありません。しかし、マイケル・チャンが錦織圭選手と繰り返し行なったのも単純な球出しの基礎練習でした。その面白くもない練習が錦織選手にブレイクスルーをもたらしたのです。

一度、「ミスせずに100球ラリーする」と決めてやってみてください。ミスしたら1から出直しです。簡単なはずのラリーでも驚くほどの集中力が必要なのがわかります。100球続いたときは確実にストロークが伸びているはずです。

Key word

15

練習はだらだらやっても意味がない オンとオフをしっかり切り替えよう

テニスプロの練習時間はそれほど長くはありません。オンコートの練習は、試合期間中だったら2時間ほど。通常でも午前2時間、午後2時間の4時間くらいでしょう。部活で朝から夕方までテニスコートという学生よりも、はるかに練習時間は短いのです。

そんなに短いの？　と驚かれた方も多いと思いますが、運動能力は、その能力を修得する際の**「集中度に比例して効果的になる」**と言われています。つまり**長い時間だらだらやるよりも、短い時間にテーマを持って、集中してやるほうが効果が高い**ということです。

とは言っても、部活で練習する場合は長時間の練習が待っています。それは僕も経験していて、柳川の練習は本当に長かった（笑）。

休日は朝練、午前連、午後連の3部構成。そして終わってからは10キロのランニング。

もう長くて、苦しくて、逃げ出したいことばっかり。そんなときに考えていたのは、練習にメリハリをつけることでした。

誰でも**「やらされる練習」は長く感じる**ものです。そして「やらされている感」があるとせっかくの練習がマイナスに作用してしまいます。イヤイヤやっている練習では何も身につかないということです。

練習が長いときは**「自分で時間を区切る」**ことをお勧めします。また**「自分なりのテーマを持つ」**ことも重要です。

たとえばストローク練習なら、「今日のテーマはバックハンドだから、その時間は特に集中しよう」という考え方です。もちろん、その他の練習を「手抜く」という意味ではありません。本当に抜いたら怒られてしまいます。気持ちの中で、オンの時間とオフの時間を作ることで、長い練習でも集中を高めた時間を持つことができるのです。

Key word

16

練習は嘘をつかない 自分が納得する練習をしよう！

家では猛勉強しているのに、学校では「ぜんぜん勉強していないよ」と言うタイプがいます。「勉強していないのに……できる」。彼らは自分をそう見せたいのです。この気持ちはわからなくもありません。なぜなら、テニス選手の中にも自分の努力を表に出したがらない人がいるからです。努力している自分を見せたくない……あなたの周りにもそういう人はきっといると思います。この心理はどうなっているのでしょう？

競争が激しい世界で生き残るには努力は必要不可欠です。特にプロテニスは競争が激しい世界です。ランキングは毎週、毎週の成績の積み重ね。「今週良かったから来週は休み」はあり得ません。試合が終わったからといってすぐにホテルに帰るプロはいません。必ず翌日の試合に備えて練習します。努力なしで地位を保てる世界ではないのです。

しかし、それでも努力を人に見せたがらない人がいます。本当は血のにじむような練習をしているのに、「自分は才能でこの地位を保っている」と思わせたいタイプです。逆に、大した努力をしていないのに、「俺はこんなにやっている」と大風呂敷を広げるタイプもいます。ちょっと思い浮かべればあなたの周りにも思い当たる人がいるはずです。

フェデラーはナダルより練習が少ないというイメージがあると思いますが、実際はわかりません。あなたも周りにも「あいつは練習しないのに強い」というライバルがいるかもしれません。しかし、本当にそのライバルは練習していないのでしょうか？　帰ってから自主練習しているかもしれませんよ！

まぁライバルのことを気にしていても仕方ありません。他人は他人。自分は自分。**大切なのは、自分の心が納得する練習をしているか**ということです。

ひとつだけ確実に言えるのは**「練習は嘘をつかない」**ということでしょう。自分が納得できれば、練習時間の長さ、短さは気にする必要はありません。ポイントとなるのは**「自分で納得」**というワードです。あなたは今日の練習に納得していますか？　**「このくらいでいいだろう」と妥協した練習ではまったく意味がありません。**

Key word
17
進歩（楽しいとき）と停滞（つまらないとき）

テニスが面白くなる時期には、自分がぐんぐん上達していく実感があります。そういうときは、1週間、1か月単位で、できなかったことができるようになります。ストロークのミスがなくなり、狙ったところに打てるようになる。ボールにどう力が伝わっているかわかり、ボールが当たる面を感じられるようになる……そういったことが手に取るように理解できるのが「進歩」するときです。

逆に停滞するときもあります。小さい頃から何でもできた子、勝ち続けた子は「自分は一番に手が届くかも」と思っていますが、全国に行くと同じような子どもがたくさんいて、はじめて井の中の蛙だったと気づくわけです。それは驚きでしかありません。

自分が「井の中の蛙だった」と気がついたときのショックは大きいものです。僕の場合、プロになってしばらくしてそういう時期がありました。ジュニア時代にどんな成績があったとしてもプロは別世界。物差しがまったく違うわけです。

そのときに思ったのは「能力には個人差がある」ということです。ライバルを発見したときは、「自分はこうだけど、あいつはこうだ」と比べたくなりますが、そんなことを考えたからといって何とかなるものではありません。

停滞を感じたときに大切なのは、「自分の能力をどこまで高められるか」を考えることです。**他人と自分を比べるのではなく、自分のゴールに近づく努力を続けることが停滞を抜け出す早道**なのです。

誰でも伸びているときは「楽しい」し、止まっているときは「つまらない」と感じるものです。問題なのは、楽しい時間はずっと続かないことです。伸びている人でも必ず止まるときがあります。止まったときは「楽しい」から、「つまらない」の劇的な変化が起こります。これは**結構苦しい**ものです。

そんなときにお勧めなのは**小さい進歩を探る**ことです。進歩がないと練習が辛くなってしまいます。ほんの一歩の前進をテーマに練習に取り組むことで、モチベーションを保つことができます。

また同時に、何がダメで止まってしまったのか、原因を掘り下げて考えてみることも大切です。止まってしまった原因を深く考えることで気づくこともあるはずです。いったん立ち止まったことをチャンスと捉えましょう。

ジュニアの指導者なら「止まったとき」が腕の見せ所です。ここでやってはいけないのが、やる気を失っている子どもに対して、「何をやっているんだ。もっと頑張れ」と無理な練習を強いることです。それが続くと子どもの心がテニスから離れて、バーンアウトしてしまいます。

停滞したときは、子どもと一緒に**「目標は何だったか」を思い返して、小さなことからコツコツと再始動**してください。子どものゴールはずっと先にあるはずです。そのゴールに向けての努力を続けることが停滞を抜け出す王道です。

Key word
18
負けの事実をポジティブに捉えよう

試合に負けると落ち込みます。自分のほうが「うまいのに」と思っている相手に負けたときの落ち込みはいっそう激しくなります。

よくあるのは、「フォアとサーブだけの相手なのに……」という言い訳です。しかし、それは、「フォアとサーブだけの相手に勝てない」という事実の裏返しに他なりません。そんなあなたは、はっきり言って、**試合も弱いけど、メンタルも弱い。**まずその事実をしっかりと受け止めましょう。

それではどうすれば良いのでしょうか？

反省することは悪くありません。試合を思い返してみましょう。あなたは本当に、相手のフォアとサーブにやられたのでしょうか？　フォアにやられたということは、あなたのディフェンス力が弱かったということかもしれません。サーブを返せなかったということは、あなたにリターン力がなかったということかもしれないのです。

もっとうまい人なら、フォアに打たせない配球ができるし、どんなに良いサーブでも何とかリターンするはずです。自分に「それ」ができなかったのはナゼか？　そこを真剣に考えるか、そのまま放ったらかしにするか、そこが大きな分かれ目です。

言い訳をする人は、負けたらすぐに帰ってしまって、「あぁ今日は本当なら俺のほうが勝っていたのに！」と思うのが関の山ですが、ポジティブな人なら試合会場に残って、**負けた相手の次の試合を観察する**ことでしょう。そこに上達のヒントがあるからです。負けて強くなる、というのはそういうことです。

また、済んでしまったことを引きずらないことも大切です。「ダメだ」とネガティブにならずに、「次がある」とポジティブにいきましょう。これなら落ち込むことはありません。

過去の出来事に囚われてしまうと、「トラウマ」として残ってしまうことがあります。**トラウマは厄介なもの**で、ひどくなると、まだ**起こっていない近い将来の出来事まで心配の種**となってしまいます。

たとえば、「前の試合ではこのゲームカウントから逆転された」とか、「こんなミスから急にリターンが入らなくなってしまった」とか、まだ起こってもいないことをあれこれ考えると、本当におかしくなってしまうのです。

試合をしているとリードしている状況にもかかわらず、「嫌な予感がする」ときがあると思います。これはすでに過去の出来事に囚われている証です。「これと同じ場面でダブルフォールトしたんだよな……」なんて思い起こすのが最悪のパターン。そんな場面が頭によぎったときは、深呼吸でもして、心配の種を振り払ってからサーブに入るようにしましょう。

反省するにしても、忘れるにしても、大切なキーワードは、「これが最後ではない」、そして、「次がある」ということです。今週ダメだったからといって来週もダメとは決まっていないのです。

Key word
19
一芸を磨く
練習時間が限られているときの上達法

自分が得意なショットで、相手に苦手なショットを打たせる。これが試合に勝つ最大のコツです。たとえば、強烈なフォアハンドを武器としているトッププロは、その武器を最大限に生かすプレイを考えます。もちろんプロは、1年中テニスをやっているわけですから、武器をさらに伸ばすことを考えて練習するし、弱点があれば、それを克服する努力を欠かしません。

さて、一般プレイヤーの場合はどうでしょう？　週1回のテニスです。フォアハンドが得意と思っている人は、たいていの場合、得意のフォアをさらに伸ばすための練習はもう行ないません。**やるのは「苦手」を克服するための練習**です。

その考え方は「あり」かもしれませんが、試合に勝つのが目的ならば、**得意のフォアをさらに磨くほうが現実的な選択**です。なぜなら、僕自身、苦手の克服にはさんざん苦労した経験があるからです。

僕はフォアハンドが得意でした。ジュニア時代からフォアで悩んだことはありません。「フォアはいいからバックを」は自然な流れでした。だけどフォアの何倍も練習したのに、僕のバックは並レベルで終わってしまいました。しかもバックの練習ばかりやっているうちに、得意と思っていたフォアですら、次から次に現れる若い選手のフォアと比べれば、並のショットとなっていました。もっとフォアを極めていれば……それこそあとの祭りです。

「得意を伸ばす」、**「苦手を克服する」**……**テニスに強くなるには相反する2つのベクトル**があります。そして、**時間がかかるのは後者**です。練習時間が限られている一般プレイヤーなら、ポジティブな気持ちで取り組める前者を選ぶのもアリかなと思います。一芸を伸ばしていきましょう。

Key word
20
苦手を克服する
うまくいかないときはリセットする勇気を持とう

前ページでは、強くなりたいなら「一芸を伸ばせ」と言いました。しかし、長くテニスと付き合いたいと思っている一般プレイヤーは、もちろんオールラウンド指向です。

人間は、テニスに限らず**頑張ることで「結果が出す」のが好きな動物**です。「できないこと」が「できるようになる」。これは快感です。しかも、できないことができるようになると、プレイの幅が広がって、これまでとは違ったテニスができるようになります。だから、みんな苦手を克服しようと頑張るのです。

しかし、頑張っても結果が出ないことがあります。たとえば、ダブルフォールトを連発する、スライスがポコンと浮く、といった欠点が直らない人なら、最初に覚えたことが変な「クセ」となっていることが考えられます。

クセというのは厄介なもので、クセを軌道修正しようとしても、**悪いクセが身体に染**

み付いていると容易には修正できません。

僕はバックハンドに苦手意識があってずっと練習していました。しかし、あまり良くなりませんでした。この原因は、「感覚を身体に入れる時期（もっとも感覚が繊細な小学生時代）」にバックをあまり練習しなかったからだと思っています。子どもの頃は全部フォアに回り込んで（相手のボールが甘かった）打っていたので、バックを打つ量が圧倒的な少なかったのです。大切な時期の練習が足りなかったので、バックを打つ際の**感覚が脳にインプットされなかった**のです。

高校生くらいになって、「これではいけない」とバックの改善に取り組みましたが時すでに遅し。ショットの精度や身体の強さは高校生くらいからでも向上しますが、本当に欲しい感覚の部分はもう手に入れることができなかったのです。それからは「バックが苦手」ということを極力悟られないようにプレイしていました。とは言っても、相手のレベルが上がれば、フォアが得意か、バックが得意かは一目瞭然。プロになってからは常にバックにコンプレックスを抱きながらの戦いでした。

それでは、どうすれば「苦手」を克服できるのでしょうか？　何回も、何回も繰り返し練習してうまくいかない場合はどうしたら良いのでしょう？

一般プレイヤーの方に**お勧めする方法は「リセット」**です。今までやっていたことを、いったんゼロに戻すのです。**ゼロに戻して再起動すれば変なクセに囚われることはありません。**「これまではこうしていたから今度はこうしよう」と、あれこれ悩む必要がないのです。

リセットするときは、これまでの自分をいっさい捨ててください。そうすれば、指導書の内容や、うまい人のアドバイスがすいすい頭に入ってきます。ゼロからスタートすることで、今まで悩んでいたショットが見違えるように良くなることだってあるのです。

武器だったのはフォアハンド。長い間、改善に取り組んだバックハンドは伸び悩み。プロになってからはバックにコンプレックスを抱きながらの戦いだった

Key word
21
「苦手意識」ってどういうこと？　なぜ苦手意識が生まれるのか？

苦手意識ってなんでしょう？　その構造はどうなっているのでしょう？
苦手意識を端的に表す言葉として「ヘビ嫌い」、「ゴキブリ嫌い」というのがあります。理屈もへったくれもありません。生理的に「嫌い」で、もうどうすることもできないのです。

その苦手意識を突き詰めていくと、「なぜ苦手意識を持つのか」というところに行き着きます。人間は直感や間違った思い込みで「好き」、「嫌い」を決めてしまうことがあるそうです。たとえば「ヘビ」が嫌いな人は、「なぜ嫌いなの？」と聞かれてうまく答えられません。とにかく「嫌い」なわけです。

テニスでも「嫌い」ということがあります。ドローを見ただけで、「あっ！　あいつが同じブロックにいる」というようなときです。その相手と戦うと、「どうしてもうまくいかない」。**ナゼだかわからないけど自分のプレイができなくなってしまう**のです。うまくいかないから、「あいつとやるのは嫌だ」という気持ちが芽生えてきます。それが「苦手意識」です。

人間は、はじめての対象物を見たときに直感的に「好き、嫌いを感じる生き物」だそうです。これをテニスに置き換えると「初対戦のときの印象」ということになるでしょう。はじめての対戦で嫌な経験をすると、それが苦手意識として心に残ってしまうのです。

スポーツ心理学の世界では、苦手意識は「学習性無力感」という言葉で説明されるそうです。これはある相手に連続して負けを経験すると「自分は無力だ」と心の中で勝手に学習してしまうということです。戦う前からの「戦意喪失」。どうせまた負けるから、「頑張っても無駄……」というやつです。

しかし、この考え方はかならずしも正しくありません。「負けたから次も負けてしまう」という考え方がある一方で、「こんなに負けたから次は勝つかもしれない」と考え方もあります。**受け止め方によって物の見方が違ってくる**ということです。

たとえば、プロの世界でも、ずっと負け続けていた選手が一回の勝利をきっかけに、その後は連戦連勝なんてことがよく起こります。あなたの周りを見渡しても同じようなことが必ず起こっているはずです。苦手な相手と当たったときは、どうせなら、「また負ける……」と思ってコートに入るより、「今度は勝つかも……」と思ってコートに入りましょう。その気持ちだけでまったく違った結果が出るかもしれません。

トップ選手に試合における心理状態を聞くと、ほとんどの選手が、不安や迷いなどで自信が押しつぶされそうになることがあると言います。プレッシャーは誰にでも訪れます。トップ選手ですらそうなのです。一般プレイヤーやジュニアが、「勝てないかもしれない……」と考えるのはけっして悪いことではありません。不安は誰にでもあるのです。その不安に打ち克つか、押しつぶされるか、そこが問題なのです。

Key word
22
「苦手意識」を払拭する方法は？

試合前には、誰でも「勝ちたい」と思う半面で、「負けるかも」と思っているものです。それが当たり前です。それを乗り切った先に勝利があると思ってください。苦手と感じている相手だって「今度は負けるかも……」と思っているのです。そして覚えておいてほしいのは、過去の勝負は関係ないということ。**10回負け続けたとしても、直近の1回の勝利で苦手意識は払拭できる**ということです。

現実には、「あいつには勝てない」と思った瞬間から、本当に「勝てなくなる」ことがあると思います。そこに**無意識下の「苦手意識」が存在**するからです。これは64ページで紹介した「ヘビ嫌い」と同じです。その意識から脱却することは簡単ではありません。

しかしラッキーなことに、**人間は苦手を克服できる動物**なのです。

苦手を克服するためには、苦手としている理由を真剣に考える必要があります。テニスだったら、「なぜ勝てないのか……」を深く考え、それを克服するための傾向と対策を立てて相手に立ち向かってください。相手だって、「今度は負けるかも……」と心の中では思っているのです。

はったりでも構いません。コートに入ったら堂々とした態度を取り、試合前の練習では思い切りラケットを振り切りましょう。たったそれだけのことで、相手は「やけに自信ありそうだな……」と疑心暗鬼になることだってあるのです。また、序盤の2、3ゲームで過去の自分と違ったプレイを見せれば、相手のほうで勝手に焦ってくるかもしれません。

また、そういう心理面とは別に「スキル」という問題もあります。スキルは簡単に言うと「技量」のこと。技量の差が最初からある場合は、自分のプレイがまったく通用せず「この人には勝てない」と感じますが、そんなレベル差がある場合の敗戦は無視。苦手意識を自分に植え付ける必要はありません。

考えるべきは、お互いの技量が同じで、**自分の弱いところと相手の強いところが噛み合ってしまう**ときです。こうなると技量の差はないのにうまくいかず、何となく「嫌だな」と苦手意識を感じてしまうことがあります。こうした場合は、配球を変える等の戦術面を考え、**自分の強いところで相手の弱いところを攻める**ことを考えるべきです。

僕が個人的に嫌だったのは、気持ちを前面に出して戦うタイプでした。ポイントが0－40になっても、スコアが0－5でも最後まで諦めないでボールに食らいついてくる相手は嫌なものです。しつこい相手、諦めない相手のときは、いつも「あのタイプは苦手だな」と思いながら戦っていました。

現実的に逆転勝ちが多いのがこのタイプです。ちょっとでも気を緩めると勢いづいてくるので、5－0とリードしたときは、6－0で勝ち切るように心がけていました。このタイプには最後のひと蹴りをしっかり入れて、「俺には勝てないぞ！」と思わせることが大切なのです。

また、自分のメンタルがいいときは「粘るテニス」ができていたのも事実です。そういうときは格上の選手が相手でも最後までファイトすることができます。**「捨てるポイントは1ポイントもない」**……この気持ちを持つことが試合を戦い抜くコツです。

Key word

23

ゾーンは究極の集中状態で訪れる

松岡修造さんは、錦織圭選手の最高のプレイが続く状態を、「スーパーゾーンに入りました」と解説していました。それで一気に有名になった**「ゾーン」**ですが、これはテニス界では昔から使われてきた言葉です。

「何をやっても入る」、「失敗しそうな気がしない」。こんなゾーン状態に入ったことは、もちろん僕にもあります。逆に、「もう手が付けられない」というゾーン状態に入った相手と戦ったこともあります。

ゾーンは**自分の持っている良いものがオートマチックにどんどん出てくる状態**のことですが、それは意図的に作れるわけじゃありません。「さあ、これからゾーンに入るぞ!」とゾーン状態に持っていくことができれば、僕だってグランドスラムの決勝の舞台で戦っていたかもしれません(笑)。

最初は一本のスーパーショットだったりするわけですが、何らかのきっかけでゾーン状態に入ったときは、相手が打つボールがどこにくるのか不思議とわかります。また、インパクトのときにはボールがよく見える感じがあります。打撃の神様、川上哲治氏が残した言葉に**「ボールが止まって見える」**の名言がありますが、それもゾーン状態を表したものだと思います。

ゾーンに入ったときは、自分以外のすべての時間がゆっくりと流れている感じです。相手の動きやボールがよく見えるので、逆を取るのも簡単。慌てることなく、自分のショットにだけ集中できます。身体的には、脳が冴えて、感覚が鋭敏になっているような感じがします。程よく力みが抜けているので、腕の振りも鋭くなってボールに伸びも出ます。

ゾーンに入ったときは究極の集中状態にあるのです。

しかし残念なのは、そんな最高の状態がずっと続かないということです。「あれ？ 何かいまの俺スゴくない……」なんて思い始めると途端におかしくなってきます。**邪念が浮かんだときは注意**してください。それは集中状態が解けつつあるサインだからです。

Key word

24

メンタルモンスターは諦めずにしつこく戦う

本書で強調しているのは「メンタル」です。もし、実力が互角なら、勝負をわける大きな要因として精神力が挙げられるからです。アマチュアだったら、**多少の実力差があったとしてもメンタルが強いほうが試合に勝つケースが多い**と思います。プロにもメンタルモンスターがいます。それがスペインのダビド・フェレールです。

錦織圭選手と何度も戦っているのでフェレールのことはご存知の方が多いと思います。1982年生まれの33歳。超ベテランです。フェレールの凄いところは才能として持っているもの、ショットとして持っているものは、明らかに上の選手（フェデラー、ナダル、ジョコビッチ、マレー）より下なのに、それでも誰とやっても100％のファイトができるところです。それに5連敗していた錦織選手にも不屈の闘志で勝ってしまいました。そのメンタリティは尊敬するばかりです。2005年にトップ20入りしてから10年もの間、ずっとランキングを維持しているということは、大きなケガをしないということ。きっちりとした体調管理の凄さも感じます。

68ページで「もっとも嫌な相手」と言ったのはフェレールみたいな選手です。どんなにポイントを失っても、ゲーム差が開いても、**構えに入る前には必ず小刻みに脚を動かしてボールを待つ**のがフェレールのスタイル。あれをやられると、相手は気を抜くことができません。ずっと気を張りつめて戦うのは疲れるものです。メンタルの強さに絶対の自信を持っているフェレールは、脚を止めないことで精神戦を仕掛けているのです。

このフェレールの姿勢はアマチュアの方にぜひ学んでもらいたいところです。**「諦めない」**、**「しつこく戦う」**。この2つを実践するだけで間違いなく逆転勝ちが増えます。**メンタルで戦う。これも戦術の一種だと思います。**

どんなボールでも諦めない。目の前の1ポイントに集中する。メンタルトレーニングを取り入れてから成績が上がったし、試合をすることも楽しくなった

CHAPTER

3

メンタルで試合に勝とう——オンコートでの実践

コートに入ったら誰も助けてくれないのがテニスだ。
試合中苦しくなったときに簡単に諦めるのは
メンタルが弱いからに他ならない。
苦しくなったとき、諦めそうになったときにどうすれば良いのか?
「戦い続ける」ためのメンタルの持ち様を考えてみよう。

Key word
25
アイ・コントロール
視線を切り替えて集中力を高めよう

視線の動きをコントロールすることで、集中力を高めることができると言われます。コートの中で、きょろきょろと視線が定まらないのは、集中にとっては明らかにマイナスです。

学生の試合を見ていて思うのは、彼らはアイ・コントロールの重要性が全然わかっていないということです。ポイント間には、隣のラリーを見ていて、そのままリターンに入ったりします。あれでは集中する時間がまったく取れません。リターンミスが多くなるのも当然です。

集中するためには、できるだけ近いものを見るのがベストとされています。選手たちが、ポイントとポイントの合間に、ストリングを直している姿を見ると思いますが、彼らはそうやって、ストリングを見ることで集中力を高めているのです。

僕が心掛けていたのは、リターンの構えに入るときに、ラケットのフレーム内側に刻印されたMade in JAPANの文字を見ることでした。そうやって近いところに視線を置いて、集中力を高めていたのです。

近いところを見るといっても漠然と見るのではなく**一点に視線を集中することがポイント**です。見る場所を決めて、そこにお気に入りのシール等を貼るのもいいかもしれませんね。

またチェンジコートでベンチに座ったときは、まず視線を遠くに飛ばして、雲を見たり、観客席を見たりして、その後に両足のつま先を見るようにしていました。**遠くから近くに視線を切り替えてより集中力を高めよう**と心がけていたのです。プロ選手の中には、タオルをかぶったまま外を遮断し、じっと足先を見ている選手もいます。あれも集中力を高めるためのひとつの方法です。

Key word
26
ルーティン
自分流の儀式を作って集中力を高めよう

誰でも例外なく、独特のクセを持っているものです。サーブに入るときにボールを弾ませる回数、汗を拭く手順、チェンジコートのときにラインを踏む、踏まない、etc。それらの儀式をきっちり行なうことで、次に行なう動作がスムーズになります。自分なりのクセを持つことは、リラックスと集中にとても効果的なのです。

そういう**独特のクセ（儀式）のことを「ルーティン」**と呼びます。たとえば、ナダルがサーブに入るときの一連の儀式。顔の汗を拭う順番さえ決まっています。あれはまさにルーティンのかたまり。ひとつでも気になることがあったらまた一からやり直し。ナダルは、ルーティンによって集中力を高めることを重要視している選手なのです。

ただし一般プレイヤーの場合は、あんまりルーティンを増やさないほうがいいかもしれません。ルーティンが多すぎると、それを行なうことが気になって、逆に集中力をなくしてしまうからです。

もっとも、**サーブだったらルーティンを持つことが必要**です。サーブは自分で完全にコントロールできるショット。相手のボールを打ち返すリターンとは違います。サーブのように自発的な動きをするときは、身体を動かすきっかけ作りとしてのルーティンが大事になります。これはゴルフのパッティング動作に人それぞれの儀式があるのと同じ。気をつけて人のサーブを見ると、いろんなルーティンを発見するはずです。


僕がサーブを打つときに行なっていたのは、「スタンス決める」→「呼吸を意識する（深呼吸）」→「ボールを突く」→そしてトスを上げるという一連の動きです。一般プレイヤーの場合もこれくらいで十分。サーブを打つ前に、「ダブりそうだ!」とか、**何かおかしな意識に囚われたときはスタンス外すのが一番**。そして、もう一回最初からやり直すと、ダブルフォールトは確実に減ります。

そういえば芝の試合だとサーブの調子が悪くなることがありました。芝だとボールがうまく弾まずに、決まった回数分ボールを突けません。いつものルーティンが崩れてうまく打てなかったのです。

Key word

27

リズム

一定のリズムで脚を動かし集中力を高める

どんなときでも自分のペースでプレイすることができれば集中を保てます。試合の流れやスコアに関係なく、自分のリズムをキープできる人はメンタルが強い人です。

自分のペースやリズムを保つためには、何が自分にとって心地良い状態なのかを自覚しておく必要があります。歩く歩幅、構えたときのスタンス幅、ボールを突く回数、どれも各自の流儀やリズムがあるはずです。そうした**リズムが一定のときは調子は悪くない**はずです。逆に、ボールを拾うときに急ぎ足になるなど、いつもと違う自分を発見したときは、何かがおかしいと思ってください。

テニスは考える時間が長いスポーツです。1時間の試合でも、実際にボールを打ったり、走ったりしているのは10分もないでしょう。その他の時間は、ボールを拾ったり、サービス前の儀式を行なったり、さぁ、次にどうしようかと考えることに費やしているのです。

そう考えると、テニスほどメンタルタフネスが重要なスポーツはありません。他に、ゴルフ、アーチェリーなどもメンタルタフネスが重要だと言われています。共通するのは、動いている時間よりも、次の準備をしている時間のほうが長いということ。**身体より心が動いている時間が長い**のです。

準備の時間が長いので、いろいろ余計なことを意識してしまいます。あれや、これや勝手に考え込んで、心が乱れるのです。そして身体の動きまで硬くなってしまうのです。

そこで大切になるのが、自分流のリズムの取り方です。プレイとプレイの合間に足踏みしたり、小刻みにジャンプしたり、**たえず身体を動かすことを心がけましょう。脚を動かすことだけでも身体がリラックスします。**そうやって余計なことを考える時間を短くして、心を落ち着けるのです。

Key word
28
呼吸法
呼吸を整えて心の動揺を鎮めよう

試合中に息が上がったときは息を早く整えるための呼吸をします。息の整え方は人それぞれでしょうが、息が上がったときに浅く呼吸をする人はいないはずです。息が上がっているということは、酸素が足りていないわけなので、ゆっくり、深く吸って、大きく吐くのが基本です。

またこうした生理的な呼吸法とは別に、精神的な呼吸法もあります。**息を吸うこと、吐くことで、心の動揺を鎮める**ことができるのです。

呼吸は心理状態を端的に反映します。呼吸が浅くなっていると冷静な判断ができなくなってしまいます。浅くなった呼吸に気づいたときは、意識的に深い呼吸をして、冷静さを取り戻しましょう。

また呼吸が安定しているときは、「パニック」に陥りません。パニックに陥ったときは、無意識に呼吸が浅くなり、行動も早くなります。気持ちがせかせかしているとき。ミスしたのにすぐ次の構えに入るようなとき。そんな自分に気づいたら、まず深呼吸です。**呼吸を整えることでパニック状態を回避**できます。

サーブに入る前と、リターンに入る前には、必ず「深い呼吸をするように」とアドバイスされたことがあります。最初の頃は「あっ忘れた」ということもありましたが、慣れてきてからは様々な場面で深い呼吸を使うようになりました。

また、**「ゆっくり、深く吸って、大きく吐く」の基本形**から**「ゆっくり、深く吸って、小刻みに吐く」の応用型**まで、いろんな呼吸法を試してみました。自分に合った呼吸法。シチュエーションに合った呼吸法が必ずあるはずです。いろいろ試しながら、それを見つけてください。

スコアは4－5。30－40で相手のマッチポイント。誰でも息が乱れそうな状況です。そんな場面で「何で俺こんなに冷静なんだろう?」というあなたがいたら、間違いなく呼吸も落ちついているはずです。

Key word

29

いい加減な素振りが力みを解消する最高の方法

練習なら何試合やっても大丈夫なのに、試合になると一試合やっただけで、翌日筋肉痛が起こることがあります。これは**試合で過緊張になって、力んで、必要以上のエネルギーを使っている**からです。

筋肉痛はプロでも起こります。調子が良くて自分のペースの試合ができたときは、筋肉痛は出ませんが、調子が悪いときは、筋肉痛が出てしまいます。調子が悪い＝いつもと違う、ということでしょう。

試合中にいかに力まずリラックスするか。これも**一つのテクニック**と言えます。

100％の力を使うより、70～80％の力を使ったほうが、ボールの伸びが良くなると言われています。また筋肉の使い方としては、**大きな筋肉（体幹、お尻、大腿）は1**

00%使うべきですが、末端の筋肉を100%使うのはNGとされています。

たとえばフルパワーでグリップを握り締めると、指先に力みが出てしまって、スムーズにラケットを振れません。力みすぎると、自然なスイングができなくなってしまうのです。強いボールを打ちたければリラックスすることが重要です。**筋肉を緩め、スムーズな動きを心掛けた**ほうがスイングスピードは速くなり、結果として、ボールのスピードも上がります。

力みを解消するためには、まず、**いい加減なスイング**をして、次に**ちょっと真面目なスイング**をして、と徐々にスイングスピードを上げて、最後にこれ以上ないと思うほどの、**思い切ったスイング**をしてみてください。その後に、2段階くらいレベルを落としたスイングをすると、それが70～80％の理想のスイングです。このような素振りは、力みの解消に意外な効果があるので、ぜひ試してみてください。

Key word
30
ハッタリも時には有効
自分を強く見せて相手を威圧しよう

はじめて戦う相手は、たいてい強そうに見えるものです。それは相手も同様。相手の目にもあなたは強そうに映っています。と言うことは、**試合に勝ちたければ、強そうに見える態度や表情を作る**ことは無駄ではありません。雰囲気だけで相手を威圧することができれば、1ゲーム余分に取れるかもしれません。

試合中でも強く見せる方法はあります。有名なところでは、**ミスしても「下を向かない」**ということです。ミスしたときは心が縮みがちになります。下を向くとさらに縮んでしまいます。ミスしたときでも、堂々と胸を張って、「空を見る（遠くに視線を送る）」と強く見えます。

また、落胆した様子を隠すために、**ラケットヘッドを下に向けない**、という方法もよく知られています。落ち込みそうになったときには、ラケットをくるくる回してみてはどうですか？　それだけで気分転換できるはずです。

やっていて**嫌になるのは、疲れているはずなのにそんな素振りをまったく見せない相手**です。負けているのに小走りでコートチェンジする相手なんかがそのタイプ。プロ選手ではスペインのナダルやフェレールのイメージです。

試合では「俺にはまだまだパワーがあるぞ！」と意地を張ることが結構大事です。ポジティブな動きを見せることで、相手に「嫌な相手」と思わせることができるからです。逆に「ヘトヘトの状態」は、できるだけ相手に見せないようにしましょう。それだけで相手を元気にさせてしまいます。

また、**落ち込みそうなときは「強い自分」をイメージ**しましょう。そのイメージがリアルであればあるほど、不思議なことにパフォーマンスが上がります。完璧な自分を何回も思い描きながら試合を戦うのです。

Key word

31

リラクゼーション

身体が硬くなったときの解消法

プレッシャーを感じると、身体が硬くなったり、呼吸が速くなったりします。それは筋肉が無意識的に収縮するからで、**収縮が起こると動作がぎこちなくなって**しまうのです。そんな筋肉の緊張を敏感に感じ取ったときに、どうしたらリラックスできるのかを知っているのが一流選手です。

リラックスする方法はいろいろあります。呼吸法もその一つですが、ここでは筋肉の緊張を和らげる方法を紹介しましょう。

85ページで紹介した力みの解消法と関連しますが、いちばん簡単なのはグリップを握り締めないことです。ラケットを握るときには、小指、薬指、中指、人差し指、親指の順番で、力の入れ具合（できるだけ力を抜いて）を確認しながら、ゆっくり握るようにしてください。**プレッシャーを感じているときは、このゆっくり握るという動作がで**

きずに、五本指で**がっちりと握りがち**です。指に力が入っているということは、腕や肩にまで力が入っているということです。

また、力んでしまうと運動連鎖をうまく使えません。下半身から上半身への運動連鎖が止まると、動作は不正確になってしまうので注意しましょう。パワーロスしないためにも、リラックスしてラケットを握ることが大切なのです。

その他にもリラックスする方法としてお勧めなのは、軽くジャンプしたり、ベンチに座っているときに足踏みしたりして、**とにかくじっと固まらない**ことです。ポイントは、まず筋肉を緊張させて、そのあとに弛緩させること。こうすることで血行が良くなり、硬くなる筋肉をほぐすことができます。

Key word

32

ミスしたときの対処法は?

テニスはミスが出るスポーツです。なぜなら、試合では相手にミスさせるためのショットをお互い打ち合っているからです。どんなに好調なときでも、何本かに1本はミスが出ます。大事なのはそのミスを引きずらないことです。

ミスにも最高のミスと最低のミスがあります。最高のミスは気にする必要はありません。それはトライした証だからです。気にすべきは最低のミスをしたときです。

「何であんなミスをしたんだ」と後悔するのはNGです。ひどいミスをしても**「たいしたことはない」と割り切って**次のポイントに入ることが大事です。

ミスにつけ込もうとするのが相手選手の心理です。試合巧者ならミスをきっかけに流れを引き込もうとします。それなのに平気な顔をして構えられれば、「こいつメンタル強いな！」と思わせることができます。エースをとっても1ポイント、ミスをしても1ポイント。そういった割り切りをしながら戦うのが試合に強い人です。

僕も試合中はミスを引きずらないことを常に意識していました。**「終わったポイントは取り戻せない」**。この思考がミスを引きずらないための最適の方法です。反省なら試合が終わってからいくらでもできます。試合中にぐずぐず反省するのは、何の役にも立ちません。

気をつけてほしいのは、同じミスが何回も続くときです。ひょっとしたらそこが自分の弱点だったり、改善点かもしれません。ミスを連発して試合に負けたら、**どんなミスをしたのか、どんな状況で起こったのかノートに書き出してみる**ことをお勧めします。冷静になって振り返ることで、自分の意外な欠点を発見できるかもしれません。

また中には、99本のミスは忘れても、1本のナイスショットを心に刻む人がいます。**ミスを忘れる能力が高い**……これもある意味ではメンタルが強い人の共通項かもしれません。

Key word
33
セルフトーク
ポジティブな独り言で集中力を高めよう

テニス選手なら誰でも一度は、「コートでは、誰でも、ひとり、ひとりきり…」とつぶやいたことがあると思います。そうです。テニスはひとりで戦うスポーツです。コートの中では孤独です。だからかもしれませんが、**テニスは独り言がもっとも多いスポーツ**と言われています。


「次、挽回！」

「いまのはしょうがない！」

といったポジティブな独り言から、

「何やってんだ俺は！」

「いまのは違う。こっちだろう！」

といったネガティブな独り言まで頻繁に耳にします。これらの**独り言はスポーツ心**

理学の世界では「セルフトーク」と呼ばれています。

一般的にプロテニスの世界では、ネガティブな独り言はマイナスイメージで捉えられています。とくに**言い訳や責任転嫁する言葉はＮＧ**で、これらは集中力を失うきっかけになると考えられています。

とは言え、ぼやきたくなるときってありますよね！　そういうときは、前向きに自分を励ます言葉にすべきです。長年ダブルスを組んでいた鈴木貴男プロは「いまのはしょうがない！」を連発していました。それでどれだけ心が救われたことか……。「セルフトーク」は必ずしもマイナスばかりではないと思います。

僕自身はセルフトークをするタイプではありませんでしたが、**テニスはひとりで戦っているからこそ自分を客観視することが大切**です。第三者的に自分に話しかける**セルフトークで冷静になれる**こともあると思います。

心の中で自分に語りかけるより、音に出して、耳で感じるほうが客観性が増し、より冷静になれることもあるのです。もちろんセルフトークの基本はポジティブワードに限ります。

Key word

34

逆転負けしやすい人

6－1で第1セットを取って、第2セットも5－3で自分のサーブ。勝利は目の前です。普通なら6－1、6－3で着地するところですが、終ってみれば、6－1、5－7、0－6といったケースだって少なくありません。5－3からのサーブをキープできずに流れを失ってズルズル……。第3セットは「自分が何をやっているのか、それすらわからない」という典型的な逆転負けのパターンです。

こうした逆転負けは誰でも一度は経験があると思います。

よくあるのは、5－3とリードした自分のサーブゲームで「安全勝ち」を考えてしまうパターンです。たとえば、思い切り打っていたファーストサーブを入れにいくような人はいませんか？　それまで**うまくいっていた攻撃パターンを自ら守りパターンに変えてしまう**わけです。もちろん、あと1ゲーム取ったら終わりなのですから、ファーストを入れて、安全に、安全に、という気持ちが芽生えるのはわかります。

しかし、相手の立場になって考えてみてください。1－6、3－5。もうどうしようもない状況です。負けてもともと。気楽な気持ちからどんどん打ってきます。

気楽になった相手のボールがビシバシ決まり、安全勝ちを目指したあなたは、この試合で初めてサーブを落としてしまいます。こうなってから、「もっと攻めれば良かった」と反省しても後の祭り。いったん失った流れを引き戻すのはプロでも容易ではありません。

第2セットを失ったことでますますプレイがおかしくなって、第3セットは、いつもは入るボールまでことごとくアウト。惨めな逆転負けの出来上がり。消えてなくなりたくなるのは、こんなときです。

ところが**メンタルの強い人**は、ブレイクされたときでも、**「今のサーブゲームは失敗したけど、追いつかれただけでまだイーブン。ここから頑張るぞ！」**と考えることができます。失敗は失敗として、新たな気持ちを持てる人は第3セットを0－6で失うことはありません。その一方で、**メンタルの弱い人は失敗を引きずってしまいます。**「逆転負け」しやすいのは、こんな人たちです。

Key word

35

何も考えられない……はあり得ない

試合に負けたあとの選手に話を聞くと、「何も考えられなかった」というコメントを耳にすることがあります。これはスポーツ心理学的に言うと「思考が停止した状態」ということです。

アスリートは**感情・思考・行動の3つがバランス良く働いたときに最高のパフォーマンスを発揮できる**と言われています。しかし「何も考えられない」という、思考停止状態に陥ると、感情が乱れ、冷静に現状を分析する能力が働かず、行動までバラバラになってしまうのです。

こうならないためには、そうした状態に陥ったときにも、その状況を「ケースバイケース」で考えるクセを持つようにしましょう。**冷静に振り返れば、「何も考えられない」というときでも必ず「何か」を考えている**はずです。その「何か」を思い浮かべてください。ひょっとしたら、その「何か」をきっかけに、心を鎮めることができたかもしれないのです。

頭が真っ白になって、「何をしていいのかわからない状態」のときは、**確実にショットの感覚も悪くなって**います。いつもよりズレが大きな状態です。そうなったときは、ズレを修復する方法を考えなければいけません。

感覚が悪くなったときに僕がやっていたのは、**意図的に「ラリーを長くすること」**です。感覚が悪いときはコースを狙ってもたいていアウトします。それにイライラしているので勝負も早くなります。そんな悪循環をボールに多く触ることで回復するのが目的です。

具体的には、コースが多少甘くなっても構わないし、ボールのスピードが遅くなっても構わないので、自分の打つボールだけに集中してラリーを長くするようにしましょう。コートのセンター狙いでも構いません。たとえ1ゲーム失ったとしても、そうすることで頭が真っ白な状態から抜け出すことができます。感覚を取り戻すことさえできれば、まだまだ戦えるはずです。

Key word

36

「集中」が途切れそうなときは自分の心と向き合おう

集中が途切れるとどうなるのでしょう?

5－3でサーブです。勝ちが見えてきました。こうなった途端に、思い通りのプレイができなくなってしまうことがあります。何本かミスが続くと不安がさらに大きくなり、筋肉が緊張してしまいます。これが集中をなくしつつある状態です。

こういう変調を感じたときには、相手やスコアのことを意識から外し、**「自分との戦いに専念」することが大事**です。自分との戦いに専念して集中を取り戻すのです。集中しているときは、不安定なプレイやイージミスはほとんど出ません。いわゆる「ゾーンに入った」状態です(70ページ参照)。集中が限りなく高まったときは、逆転負けを喫することはありません。

では「自分との戦いに専念」とは何か、もう少し考えてみましょう。集中を維持するためには次のことを心掛けてください。

①どんな場面でも100%を出し切ってベストを尽くす
②積極的な気持ちで伸び伸びプレイする
③集中を失った原因を、相手、審判、天候、用具、友人、コーチ、両親など、自分でコントロールできないものに転嫁しない

テニスは一人で戦うスポーツです。誰も助けてくれないので、苦しいときは、どこかに逃げ道を探しがちになります。よくあるのは③のように、自分以外の外の要因のせいにすることです。しかし、それでは心は強くなれません。自分との戦いは厳しいものです。究極の集中力を身につけるためには、その苦しい戦いに勝たなければいけないのです。

メンタルの強さは、けっして生まれ持って備わっているわけではありません。強靭なメンタルは、苦しい練習や、経験の積み重ねによって培われる、高度な技術なのです。

Key word
37
プレッシャーを楽しむ人 プレッシャーに潰される人

5－5で30－40のセカンドサーブ。こんな場面でプレッシャーを感じない人はいないでしょう。ダブったらどうしよう？　相手が打ってきたらどうしよう？　いろんな思いに囚われます。その思いがプレッシャーになります。

しかしよくよく考えれば、それらの**プレッシャーは、「自分自身が生み出しているもの」**ということに気づくでしょう。それ以上でも以下でもありません。「ここでダブルフォールトしたら……」、「相手が思い切りリターンを打ってきたら……」、「ここを落としたら負けるかも……」。これらはすべて自分の心に中の声です。そういう弱気な心がプレッシャーを生むのです。

試合中にプレッシャーを感じたとき、多くの人は、「プレッシャーが突然襲ってきた」と考えがちです。しかしプレッシャーは、選手自身が「頭の中で勝手につくり出している」ことにすぎません。それがわかっていれば、**プレッシャーを軽減することが可能**なはずです。

強い選手は、無意識にプレッシャーを解消する方法を身につけています。**精神的に強い選手の共通点は気持ちの切り替えがうまい**ことです。彼らは5－5、30－40のセカンドサーブのような場面でも

「目の前の1ポイントに集中しよう！」

「もし負けてもこの経験が自分を強くする」

そういう風に考えることができます。だからこそ、「この場面でそんなことが！」と感心するような思い切ったショットが打てるのです。

大事な場面で打席が回ってきたある野球選手は、殊勲打を放った後のインタビューで「あの場面でプレッシャーはなかったんですか？」と聞かれ、**「プレッシャーはあったけどあのヒリヒリするような緊張感がたまらない！」**と答えていました。

プレッシャーに襲われたときに「うーん、来た来た。この感じが最高！」と思うことができれば、プレッシャーも大歓迎です。

Key word

38

プレッシャーを感じたときこそ冷静な状況判断が必要

人間は脅威を感じると、動悸が激しくなったり、呼吸が乱れたり、筋肉が緊張したりします。それは生理的な防衛反応の現れです。そして、次に、その脅威と「戦う」べきか、脅威から「逃げる」べきか、の判断をするそうです。これは原始時代から外敵と戦ってきた人間のＤＮＡに組み込まれているもの。**「戦う」か「逃げる」の判断を無意識に行なっている**のです。

そんな本能的なものを持ちながらも、試合をするときは「逃げる」という選択肢はありません。しかし時として本能が顔を出すことがあります。

たとえば調子が悪くなったとき。急に自分の行動が早くなった経験はありませんか？サーブでは、ファーストとセカンドの合間が短くなったり、ボールをせわしなく突いたり。それまでのリズムが乱れて、行動が早くなったときは、**無意識下で「逃避」に走**

っていると言えます。もし相手がそんな状態だったら、あと一押しです。冷静にプレイすれば勝手に転んでくれます。

では、どうすれば逃げずに戦うことができるのでしょうか？　その手助けとなるのが、メンタルトレーニングです。メンタルトレーニングを受けると、「あれ？　何か動きが早くなっている」と気づいたときは、深呼吸をしたり、タオルで顔を拭いたり、ストリングをじっと見たりすることが対処法と教えられます。**逃げ出したい気持ちにワンクッション入れる**わけです。こうやって「間を取る」ことで心を落ち着かせて、逃げ出したくなる気持ちを戦う気持ちに持っていくわけです。

競った試合に弱い人がいます。「4－4までは普通だったけどそこから急におかしくなった」というタイプです。それも無意識下でプレッシャーを感じているからです。プレッシャーが強くなって、「逃げ出したい気持ち」が顔を出すのです。

だけど冷静に状況を考えてみてください。4－4はまったくのイーブン。ということは0－0と同じ。あと2ゲームと考えるからおかしくなってしまうのです。「目の前の1ポイントに集中」の気持ちで戦ってみたらどうですか？

Key word

39

「タンク」、「アンガー」、「チョーク」あなたが陥りやすいのは？

プロの試合では7－6、6－0といったスコアをよく目にします。「セカンドはどうしたの？」と聞くと、「相手がタンクした」という答えが返ってくることがあります。また、ラインジャッジなどに苛ついて試合を投げてしまったときも「タンクした」という言い方をします。

タンクは、「自滅」、「諦め」というニュアンスで使われている言葉です。タンクは、心の鍛錬ができていない選手に起こりがちです。ジュニアや学生の試合では、周りから見ていると「まだまだこれから……」という状況で、すでに諦めている選手がいます。もうポイントに執着できなくなっている状態です。自分でもまだ諦めるのは早いとわかっているのに、メンタルが弱くて、それを立て直す術がないのです。

一方プロには「タンクは恥ずかしい状態」という認識があります。またタンクする選手は「精神的に弱い」という認識もあります。そして強い選手は、タンクしそうなときにはどうすれば良いか……という経験則を持っています。タンクしそうなときは、外的な要素がすごく気になっているはずです。だからこそ**タンクしそうなときは「自分の内面に集中する」**。これが自滅を防ぐ最大の解決法です。

またこの他にも選手の心理を表す言葉として「**アンガー（怒り）**」があります。これは**タンクよりもはるかにましな心の状態**です。なぜなら、怒るということは、まだ諦めていない証拠だからです。

たとえば、4－0のリードから4－5と逆転されたケース。「うーん頭に来た。絶対に追いついてやる！」と思うのはけっして悪い状態ではありません。トライしようという気持ちがあるから怒りが生まれるのです。**アンガー状態のときはまだまだチャンスがあります。**その怒りをうまくコントロールすることができれば、よりアグレッシブに戦うことができるからです。

もうひとつの心の状態として「**チョーク（ビビり）**」という言葉を知っている人も多いと思います。一番わかりやすいのが「勝ちビビり」です。

たとえば、格上の相手に6－5でリード。そして自分のサーブゲーム。こんな状況で勝ちを意識したときには動揺が必ず出ます。そして、それまでのプレイができなくなってしまいます。

僕も勝利を目前にチョーク状態に陥ったことが何度もあります。自覚症状として現れるのは、身体が縮こまる感じです。そうなったときは、ラケットを振り切れなくなったり、ライン際を狙えなくなってしまいます。

一方、相手はもう負けて元々の心理なので、思い切ったプレイをしてきます。勝っているほうの心のベクトルが下がって、負けているほうの心のベクトルが上がっている状態。これがチョークが起こす逆転試合のトリックです。

それでは勝ちビビりを感じたときはどうすればよいのでしょうか？　よく知られている対処法は、「次の一本に集中する」ことです。**スコアやポイントを意識から外して、次の一本で「やること」を決めて、それを遂行する**ことだけを考えるのです。この方法なら勝ちビビりを感じることもないでしょう。

Key word

40

チャンスが訪れたときは「絶対勝ってやる」の気持ちで戦おう

人間の目標は成長とともに小さくなっていきます。小学校の卒業文集に、将来の夢は「プロ野球選手」、「Jリーガー」と書いた人は多いと思いますが、高校を卒業するときに、「プロ野球選手」、「Jリーガー」と本気で言える人は何万分の一になっています。

幸い僕は、夢だったテニスのプロ選手になることができました。そして一番モチベーションが高かったのが、プロになったばかりのときでした。当初の目標は「世界で100位以内」です。それが難しいことなのか、簡単なことなのか、それすらわかりもせずに、聞かれれば100位という数字を口にしていました。プロテニスの世界が何もわかっていなかったのです。

22歳で初めてグランドスラムの予選に出場しました。ウィンブルドンです。2回勝って予選決勝まで進みました。フルセットで負けたときに、**「あれ？ 意外と行けるじゃ**

ん」と勘違いしてしまいました。最初のグランドスラムでここまで行けるんなら大丈夫、と軽く考えてしまったのです。

いま、その当時のことを思い起こすと「**このチャンスが絶対に逃さない**」という気迫が足りていませんでした。同じ負けでも、必死に戦って負けるのと、軽い気持ちで負けるのとでは意味が違います。

僕の場合は最悪の負け方でした。**負けた現実を真剣に受け止めずに**「まだまだチャンスはどれだけでもある」と思ってしまったのです。結局、グランドスラム大会で予選決勝に進んだのはそのウィンブルドンだけ。「あそこで本戦に出ていたら世界が違ったかもしれない」……そんなことは後から思うもの。本当のチャンスなんて何度も巡ってくるものではないのです。

そういった経験を踏まえて思うことは、「世界で100位になると誓ったら**本気の覚悟が必要**」ということです。僕の覚悟は甘かったと思います。テニスにすべてを賭けることができなかったのです。

仲間の多くのプロたちが世界100位の壁に跳ね返されました。周りから見れば派手に見えるプロ選手かもしれませんが、実際にやらなければいけないのは、本当に地味なことの繰り返しです。「今日はここまで。続きは明日から」という選手と、「今日やるべきことはすべてやり切る」という選手がいたとします。世界に届くのは、もちろん後者の選手。僕みたいに、「まだまだ先がある」と思うのは間違いなのです。

プロの例を挙げましたが、これは一般プレイヤーやジュニア選手でも同じです。テニスは、今日ここまで進んだから、明日はその続きからやろう……というスポーツではありません。上達は遅々としたもので、「三歩進んで二歩下がる」の繰り返しです。何らかの事情で1週間、2週間練習できないと元のレベルに戻っていることだってあります。「この前までできていたのに」ということが頻繁に起こるのです。そこで腐っていては上達できません。

成功するのは、地味なことをコツコツと積み重ねることができた選手。そして巡ってきたチャンスで「ベストを尽くす」強い気持ちで臨める人なのです。

Key word
41
イライラした心の鎮め方

試合をしているときに何らかの原因でイライラしたことはありませんか？そういうときはミスが連発したりして、良い結果が出ないのが普通です。ここでは、試合中に「イラっとしたとき」の対処法を紹介しましょう。

怒りの感情に支配されると人間の行動のスピードは速くなるそうです。前のポイントでモヤモヤしたことがあると、次のサーブを思い切り打ってフォールト、セカンドも「このヤロー」と打ってフォールトというのが最悪のパターン。これが「負の連鎖」の始まりです。イライラしたときこそ、冷静に対処する必要があります。

感情が高ぶったときに効果があるのは「間」を取ることです。気が立っているときは、あえていつもよりゆっくりとした行動を取るようにしましょう。時間をゆっくり使うことで、怒りをコントロールすることができます。
また、もう一つの方法としては、相手に向いていた意識を自分のほうに向けるような行動を取ることもお勧めです。たとえばタオルで顔を拭く、ストリングスを整える、などの行動は、相手から→自分へ……意識の方向性を変えるのに効果があるとされています。

僕がメンタルトレーニングを受けたときに教わったのは、イライラを鎮めるには２つのパターンがあるということでした。ひとつは**「吐き出して鎮める」**方法。そしてもうひとつは**「我慢して鎮める」**方法です。

古くからのテニスファンなら、マッケンローとボルグの名前を挙げればピンと来ると思います。１９８０年に２人が戦ったのがウィンブルドンです。癇癪《かんしゃく》を爆発させることでパフォーマンスを上げたマッケンロー。どんな場面でもじっと我慢しながら集中力を保ったボルグ。試合内容だけでなく、２人の心の内が手に取るようにわかりました。それはまるでドラマを見ているような感じです。だからこそ、この一戦は伝説としてテニスファンの脳裏から離れないのです。

また新しいテニスファンなら、ジョコビッチがラケットを叩き折った場面に驚いたと思います。いつも冷静なジョコビッチがフェデラーに追い上げられて、ベンチに戻ったときにラケットを何度もコートに打ちつけたのです。あれがテニス選手の心の中にあるフラストレーションです。「こんなことをしてはいけない！」とジョコビッチは学んでいます。しかし、そのときだけは、怒りを吐き出さないと心を鎮められなかったのです。

僕自身は、吐き出すとダメになるタイプだと自覚していたので、後者の我慢する方法を採用していました。そこでまず行なったのが、**心を鎮める「儀式」を作る**ことです。この儀式は「ルーティン」と呼ばれているものです。深呼吸をしたり、ひとつ屈伸を入れたり、タオルで顔を拭くでも、ストリングスを直すでも構いません。儀式を遂行することで、イライラした気持ちを鎮めることができるのです。

また間を取るための呼吸法も教わりました。それが（鼻から大きく吸って口から細く出す。出すときにはネガティブな感情を一緒に吐き出すイメージを持つ）**腹式呼吸**です。そういう方法を使って感情をコントロールすることができれば、次のポイントは新鮮な気持ちで戦うことができます。

Key word

42

ダブルフォールトを減らす方法

トスを上げたときに「あっダブる！」と思うと必ずダブってしまう……そんな経験はありませんか？　特に緊張した場面で出るのがダブルフォールト病。どうすれば解消できるのか考えてみましょう。

プロはめったにダブルフォールトをしません。なぜなら、サーブのテクニックが高いし、どうすればダブルフォールトを防げるかを知っているからです。

まずテクニック面で大切なのは、セカンドでもラケットを振り切ることです。プロは、ラケットを振り切ることでボールに回転を強くかけて入れることを考えています。一方、アマチュアは、入れにいくことを考えてラケットを振り切ることができません。ラケットをしっかり振らないのでスイングスピードが上がらず、ボールに回転もかかりません。それがダブルフォールトをする最大の理由です。

テクニック面でいちばん悪いのは、**ファーストとセカンドでまったく違う打ち方、スイングになっている**こと。ファーストは思い切りスイング、セカンドは羽子板スイングというのが最悪。ファーストとセカンドで別の打ち方になっていては、サーブの調子がおかしくなっても、どう軌道修正すればよいのかわかりません。心当たりがある人は、もっと真剣にサーブの練習に取り組むべきです。

メンタル面からもダブルフォールトが出ます。「あっダブる！」と思ったときは、何かがおかしいのです。端的な例は「ダブる！」と思いながら打つのをやめられないこと。サーブは何度打ち直してもOKのルールなのに、**仕切り直すことができない**のです。

ダブルフォールト病はプロ選手にも見られます。よく知られているのはシャラポワの例でしょう。「イップス」という言葉をご存知の方もいると思いますが、シャラポワもサーブイップスに陥って、ダブルフォールトを連発していたときがありました。イップスは、メンタルから身体が自由に動かなくなる現象です。気にすれば気にするほど症状が重くなって、イップスによって引退に追い込まれる選手がいるほどです。

シャラポワはサーブのフォームを変え、ルーティンを変えて、イップスを克服しました。並大抵の努力ではなかったはずです。それまでできていたことが突然できなくなる……これがメンタルをやられたときの怖さなのです。

ダブルフォールトするときはリズムが確実に悪くなっています。ファーストに失敗すると、間髪入れずにセカンドを打ったりしてしまいます。またリズムが悪いときは、身体が硬くなってトスも乱れがちです。そこで大切になるのが、**「間の取り方」と「ルーティンの再確認」**です。

プロはファーストとセカンドを明確に分けています。ファーストはファースト。セカンドはセカンド。2つのサーブを一連の動作にせずに、間を取ることを心がけているのです。**ファーストがフォールトしたら一呼吸置いてしっかりと間を取ることが大切**です。また**セカンドもファーストと同じルーティンで打つ**ことが、ダブルフォールトを減らすコツと言えます。

テクニックがある人なら、「間を取ること」と「ルーティンを確認すること」の2つを意識するだけで、ダブルフォールトは激減するはずです。

Key word
43
きれいなジャッジが心を強くする

ジュニアの試合はほとんどセルフジャッジです。自分のコートのイン・アウトの判定は各自で行ないます。そこで見られるのがジャッジのゴマカシです。ラインに乗ったかどうか微妙なボールを「アウト」とすると、今度は相手がやり返します。それがエスカレートすると、完全にインのボールまでアウトと言って、試合がメチャクチャになってしまうことがあります。

「勝ちたい」、「負けたら怒られる」……そんな気持ちからインのボールをアウトと言ってしまうのでしょうが、それでは**心は強くなりません。**「さっきのボールは入っていたのにアウトと言ってしまった」と**心の中で引きずってしまうのが最悪**です。そうなると、もう気持ちよくプレイできません。後悔する気持ちが集中力を削いでしまうのです。一本のゴマカシによって、試合を楽しむことすらできなくなってしまうのです。

反対にジャッジをごまかされた相手は、「こんな奴とやってもつまらない」と思うことでしょう。それではいい試合はできません。お互いを認め合うことで試合の質は高まります。そして**質の高いプレイがテニスのレベルを引き上げて**くれるのです。きたないジャッジをすることで、せっかくの上達チャンスをみすみす逃しているのです。

経験から言うと、ジャッジがきたない選手は強くなりません。なぜなら、テニスは自分との戦いだからです。**ジャッジをごまかす行為は自分の気持ちに嘘《うそ》をついている**ことになります。**人間は自分の心には嘘をつけません。**「インをアウトと言ってしまった」という後悔がずっと心に残ります。それが何よりの問題なのです。

ミスジャッジされたときには「何でもないよ！」という態度を見せましょう。逆に燃えて「もう一本同じところに打ってやる。今度もアウトと言えるか！」ってプレイするのが将来的に強くなるタイプです。

ルール上、セルフジャッジの試合は、相手側のコートの判定を覆すことはできません。だからこそ、セルフジャッジの試合で**イン・アウトの判定が微妙なときは「イン」とする**のがマナーとなっているのです。「アウトだったかもしれないけどまあいいや！」

と思えば心が清々《すがすが》しくなります。そして、「次、頑張ろう」と気持ちを切り替えてプレイに臨むことで、あなたの心もテニスも大きくなっていくのです。

「どうしても勝ちたい」、「負けたら叱られる」……こうした気持ちが大きくなったときに出てしまうのがジャッジをゴマカシ。しかし、ジャッジがきたない選手は絶対に強くならない。きれいな心で気持ちよく戦おう！（写真は内容とは直接関係ありません）

Key word

44

ターニングポイントは後から思うもの

試合の流れを変えるポイント。それがターニングポイントです。「あそこを取っていれば勝てたのに……」、「あそこを取っていればテニス人生が変わったのに……」。そういう後悔は、プロだけでなく、テニスをやっているすべての人が経験していることでしょう。

1996年のデ杯オーストラリア戦で、僕と鈴木貴男のペアはウッディーズに完敗しました。しかしその敗戦を糧に、2005年のジャパンオープンで優勝を果たすことができたのです。強敵に負けたことで、2人のダブルスは強くなったのです。

現役生活を退いて、「あそこがひとつのターニングポイントだったかな」という試合があります。それが1992年のアトランタオリンピックのダブルスです。

僕たちは2回戦でスペインペアにもう少しで勝ちそうでした。そこを僕のチャンスボールのミスから逃してしまったのです。勝っていれば、次は当時世界ナンバー1のウッディーズ。僕の簡単なミスで世界一と戦う貴重な経験の場を逃してしまったわけです。

対戦していれば、僕たちのダブルスは、96年のデ杯を待つまでもなく、もっと早く伸びていたと思います。ひょっとしたら四大大会への出場もあったかもしれません。たった1本のミスで、4年間を無駄にしてしまった可能性があるのです。「ミスさえしていなければ……」。あそこが僕のテニス人生のターニングポイントだったかもしれません。


逆の立場になれば、もっと強烈なターニングポイントを経験しています。それが2006年の全日本選手権決勝です。

決勝の松井俊英戦はファイナルに突入。僕は3－4から大事なサーブを落としてしまいました。そこでニューボール。サーブが強い松井選手。絶体絶命です。すぐに30－0とされて心の中では正直「今年はダメだ」と思っていました。ところが3ポイント目の微妙なジャッジから、松井選手がおかしくなったのです。

インかアウトか微妙だった3ポイント目を松井選手は引きずってしまいました。冷静に考えれば「1アップで30－15とリード」。何も悲観することはない状況です。しかし、松井選手の**心が乱れ始めたことを僕は感じて**いました。そこからは「1本、1本に集中」だけを思ってプレイ。最後の4ゲームは何かをした記憶はありません。それだけ集中していたということでしょう。終わってみれば7－5で逆転勝ち。

こうした戦いから学んだのは、**「試合中に過ぎたポイントのことを長く考えるのは良くない」**という教訓です。**終わった過去よりいま目の前にある現実に向き合うことが大切**なのです。

試合中ロングゲームを繰り返しているときには、「ここが大きなゲームになるな！」と思うかもしれませんが、そこを取ったとしても、落としたとしても、試合中に「あそこがターニングポイント」とは思ってはいけません。そんなことを考えていると集中力を失ってしまうからです。

ターニングポイントは「後から思うもの」です。強烈な印象として残るポイントを経験すれば、あなたのテニスはその後きっと伸びるはずです。

Key word

45

サーブゲームでカウント40－30、カウント30－40になったとき

サーブゲームで40－30と30－40になったときの心理を考えてみましょう。どちらも簡単なポイントではありません。それだけに、サーブを打つ前の心の整理が必要な場面です。

まずは40－30でゲームポイントを握ったとき。これは**どうしても取りたいポイント**です。**40－30のときは「ここはたとえ落としたとしても40－40」と割り切る**ことをお勧めします。40－30は思い切りサーブを打っていけるポイントです。自分から取りにいく積極的な気持ちでサーブに入りましょう。

では30－40のときはどうでしょう。これは相手にゲームポイントを握られている状況。**どうしても追いつきたいポイント**です。ここでも大切なのは積極性です。30－40は落としたら即ブレイクにつながるので、サーブで「取りにいきたい気持ち」と

「大事にいきたい気持ち」が交錯する場面です。経験的に言えるのは、この30－40という**ポイントで「入れにいく（大事にいく）」気持ちはNG**です。

いちばん怖いのは、ファーストを入れにいってフォールトしたときです。ファーストを積極的に打ったときのフォールトは気になりません。しかし、消極的に入れにいったときのフォールトは心に悪い印象を残してしまいます。「大事にいったのに……」という気持ちが残ると、セカンドのプレッシャーがより強くなります。ガチガチになってダブルフォールト。これが30－40からサーブを落とすときの典型的な例です。

サーブはセカンドサーブ（技術）の安心感があると積極的に打っていくことができます。「絶対にダブらない」という自信があれば、40－30でも30－40でもファーストを強気にいくことができて、キープ率が高まります。普段のテクニック練習では、ファースト（スピードアップ）よりもセカンド（安定性向上）の強化を図ることが大切です。

Key word
46
リターンゲームでカウント40−30、カウント30−40になったとき

では次にリターンゲームで40−30と30−40になったときの心理も考えてみましょう。どちらもチャンスを迎えた場面です。ポジションに入る前にどういうリターンをするか、気持ちを整理しなければいけません。

まずは40−30のとき。ここを取れば40−40に持ち込めます。ちょっとしたチャンスですが、鼻息を荒くしてもポイントは取れません。**40−30のときには「サーブゲームは取られてもともと」とリラックスしてリターンに入る**ことをお勧めします。力まないことが大切です

30−40は「大きなチャンス」です。取ればサーブブレイクに成功。めったにないチャンスなので積極性にいきたいところです。さらに冷静に考えれば**30−40はミスできるポ**

イントということができます。なぜなら、このポイントを落としたとしても40－40。チャンスは継続しているからです。

30－40でブレイクポイントを握ったときは、時間をかけてもいい場面です。時間をかけて頭を整理し、どんなショットを打つか明確に決めてリターンに入りましょう。

このときにお勧めなのは**それまでの展開を思い出す**ことです。30－40だからと、一発勝負のハードヒットをするのが積極性ではありません。この場面では、**「いちばんポイントの取れているリターン」**、**「相手がもっとも嫌がっているショット」を思い返して**ください。その攻めを繰り返すのが、もっとも積極的にポイントを取りにいく攻撃なのです。

またダブルスならば、しっかりと作戦を組み立てて攻めるのが30－40というポイントです。レシーバーは「ストレートアタック」、前衛は「ポーチ」では、お互いの積極性が空回りです。次はどういう作戦でいくのか2人でよく話し合って、共通認識を持ちながらリターンに入るようにしましょう。

Key word

47

1アップしたときのメンタリティ

○○○＝3－0（A）
○○●○○＝4－1（B）
○○●○●＝5－2（C）

（A）、（B）、（C）は、自分のサーブから始まったセットで、相手の第2ゲームのサーブを破ったケース。どれも1アップの状況です。しかし同じ1アップでも、心理的な状態は違うと思います。

（A）は「3－0か、いい出だし」、（B）は「4－1か、だいぶリードしたな」、（C）は「5－2か、もう勝ったも同然」。こんな風に思いませんか？　同じ1アップでもスコア次第で心の持ち様が違うということです。

現実には「リードしていたのに逆転負け」ということが山ほどあります。**リードを意識しすぎると、追いつかれたときの動揺が大きく、スコア的にはイーブンなのに心理的には負けているような気分**になってしまうのです。

試合中はスコアを考えないほうが良いときがあります。なぜなら**スコアは、「余計なことを考えさせられる」ひとつの要素**だからです。僕は序盤でブレイクしたときはゲームカウントをあまり考えないようにしていました。考えすぎると、リードを「守らなくては！」という気持ちが出てしまうからです。

実際の試合で1アップして、3－0になれば、「60％くらいセットを取れる」状態でしょう。しかしプロはそんなことは考えません。**3－0なら、もうひとつサーブを破って4－0を目指し、5－2なら、そこで決めてしまおうと考える**のが勝者のメンタリティと言えます。

デ杯のカナダ戦でラオニッチにファイナル勝ちした錦織圭選手は「**気がついたらマッチポイントでした**」と笑っていました。そんな集中した状態で戦えたら強いと思います。

Key word

48

1ダウンしているときのメンタリティ

●●○●○＝2－3（A）

●●●○●＝1－4（B）

（A）と（B）は同じ1ダウンの状況です。（A）は、自分のサーブから始まったセットで、第1ゲームのサーブを落としたケース。（B）は、相手のサーブから始まったセットで、第2ゲームのサーブを落としたケース。同じ1ダウンですが、6ゲーム目を迎えるときの現実的なゲームカウントは2－3と1－4。一般プレイヤーなら、大きな差を感じるはずです。

1ゲーム差と3ゲーム差では心理的なプレッシャーはかなり違います。特に1セットで行なわれる草大会では、この2－3と1－4のゲーム差は心に大きくのしかかります。

　テレビでプロの試合を見ていると、多くの選手がトスに勝ってリターンゲームを選択する姿を目にすると思います。それには根拠があって、最初のサーブを破る確率が統計的に多いからです。しかし、それを自分たちの試合（アマチュア大会）に当てはめるのは、お勧めできません。なぜなら、プロの試合は1セットマッチの短期決戦ではなく、しかも、最初のサーブをブレイクできなくても、彼らは第2ゲームのサーブをキープする自信があるからです。


「プロがそうしているから」という理由だけで、トスに勝ってリターンを選んでいる人がいるかもしれません。しかしその結果として、4ゲーム目を0－3、6ゲーム目を1－4で迎えることになるわけです。

　もちろん、メンタルに自信があって、「0－3も1－4も同じ1ダウン」と思える人なら、相手にサーブ権を与えても構いません。しかし1ダウンしたときに、「3ゲームも差がある」とプレッシャーを感じる人なら、**トスに勝ったらサーブ権を取るべき**です。そうすれば、同じ1ダウンでも4ゲーム目を1－2、6ゲーム目を2－3で迎えることができます。プレッシャーはずいぶん違ってくるはずです。

Key word

49

タイブレークに入ったときのメンタリティ

プロの世界では、タイブレークに入ったら「自分から攻めたほうが有利」と言われます。**タイブレークは究極の短期勝負です。実力が互角なら守るよりも積極的に攻めたほうが取る確率が高い**とされているからです。

しかし、それを一般プレイヤーに単純に当てはめることはできないと思います。なぜなら、それまでのプレイを変えて、一気に積極的にいくことなどできないからです。守って、守って6－6まで持ち込んだ人が、タイブレークに入っていきなり打ち出したら、きっと自滅することでしょう。

気持ちの上で積極的になることは間違っていません。守りに徹してタイブレークに持ち込んだ人が、「もっと守ってやる」という心理を持つのは、けっしてネガティブなものではありません。

それではタイブレークの取り方を考えてみましょう。タイブレークでは、**1ポイント目と、7ポイント目をどういう心理で迎えるかということがポイント**となります。

1ポイント目のスタートでは、「どちらのサーブから入るか」ということを強く意識してください。自分からサーブなのか、相手からサーブなのか、それでタイブレークの組み立てが違ってくるからです。

自分からサーブのときは、何が何でもこれを取りましょう。デュースサイドからのサーブです。それまでの12ゲームを振り返って、**もっともポイントを取れた攻撃をトレース**して構いません。最初のポイントを取ることができれば、続くリターンを心理的に有利な状態で迎えることができます。

相手からサーブのときも、何が何でもこれを取りましょう（笑）。リターンではそれまでの展開でもっともポイントが取れたショットを打つべきです。最初のポイントでミニブレークできれば心理的に余裕を持って自分のサーブに入れます。

「当たり前のことを言うな！」と叱られそうですが、ここで言いたいのは、**タイブレークに入ったら「先行有利」**ということです。特に1セットマッチで戦う草トーナメントでは1ポイント目が大切。先行することで相手にプレッシャーをかけることができます。

次に考えるべきは、チェンジコートした後の7ポイント目です。最初の6ポイントを終えた段階イーブンなのか、リードなのか、ビハインドなのか、ベンチで飲み物を取りながらいったん冷静に考えることが大切です。

特に気をつけたいのは、5－1や4－2とリードして迎える7ポイント目です。タイブレークの特徴は、流れでポイントが一方に偏るという点です。5－1や4－2でリードしたときに「あと2ポイント、あと3ポイント」と考えた途端に一挙に逆転されてしまうケースがよくあります。リードしたときほど要注意なのです。

リードしたときは、チェンジコートするときの行動が早くなっていないかチェックしてください。ベンチにも寄らずさっさとチェンジコートするのはNG。それは知らず知らずに（早く勝ちたい）と心が動いている証拠なのです。

Key word

50

ダブルスは組み込んで強くなれ①

いま世界でいちばん強いダブルスプレイヤーは、アメリカのブライアン兄弟です。彼らは双子。しかも片方が右利きで片方が左利き。圧倒的な存在感で、世界ランキング1位を維持し続けています。

ダブルスで最高のパートナーは誰でしょう？　僕は**もし組めるのなら「もう一人の自分」と組んでみたい**と思います。自分＋自分でダブルスを戦うわけです。そうするとパートナーが、何を考えているのか、どんなショットを打つのか、打った後にどう動くのか……すべてわかります。意思の疎通は最高です。こんなパートナーだったら、どんな相手でも簡単には負けません。

僕が長い間ペアを組んでいたのは鈴木貴男選手です。初めて組んだのはジュニア時代。

デビスカップでもオリンピックでも2人でダブルスを戦い、1995年にはジャパンオープンで優勝しています。

119ページでも述べましたが、2人のダブルスが一皮むけたのは、1996年のデ杯オーストラリア戦でウッディーズに負けてからです。

当時のウッドフォードとウッドブリッジは世界ナンバー1のダブルスペア。文字通りの完敗だったのですが、そのときの**敗戦が2人のダブルスを強くして**くれました。

ウッディーズは僕らにテニスをさせてくれませんでした。と言っても、サーブが凄いとか、リターンが爆発的とかのパワープレイではありません。彼らはあくまでセオリー重視。難しいショットをできるだけ使わず、簡単なショットのクオリティで崩すダブルス。極力一か八かのショットを避けてきました。

それまで僕らのダブルスは、難しいショットを打って、チャンスを作ることを考えていました。しかし、それでは世界に通用しないと気づかされたのです。

ウッディーズ戦以降、2人のダブルスは、セオリー重要の戦い方に変っていきました。具体的には、確実にポイントを取れるまでは慎重にボールを繋いで、難しいコースを狙わなくなりました。**「特別なことをしない」という暗黙の決めごと**が、2人の間に出来上がっていったのです。いわゆるセオリー重視の攻め方と守り方です。

2005年のジャパンオープンで優勝。組み込んで意思の疎通ができていた2人は、ランキングが上の選手たちとの戦いでも怖いものはなかった

僕たちのダブルスはジュニア時代から組み込んでいたので、お互いにプレイ特徴がわかっていました。特別なことをする必要は何もなかったのです。それが本当にわかったのがウッディーズ戦です。「あのコースのサーブなら貴男はこういったリターンをするだろう。じゃあこっちは……」といった**意思の疎通ができていた**ので、ウッディーズ戦以降はどんな相手と戦っても自分たちのダブルスをすることができたのです。

ジャパンオープンで優勝したときも「いちばん組み込んでいた」のは、僕らのダブルスでした。有明コロシアムはホームみたいなもの。1回戦に勝って「流れ」を掴んでからは、強いダブルスができたと思っています。

Key word

51

ダブルスは組み込んで強くなれ②

ダブルスがどんなゲームか考えてみてください。ダブルスでは、**デュースサイドでゲームポイントがかかるのは40－15か15－40になったときしかありません。**それ以外は**アドサイドにすべてゲームポイントがかかります。**

ゲームポイントがかからないデュースサイド（0－0、15－15、30－30、40－40）では、先手を取りたいので、セオリー通りにいくのが基本です。デュースサイドは、ゲームポイントがかかる場面が少なく、チャンスを作るサイドということができます。

一方、ゲームポイントがかかることが多いアドサイドは勝負する側。リスクを取っていくサイドと言えます。ゲームポイントがかかったときは常にアグレッシブに。ボールを入れにいかないのが基本的な考え方です。

2人のダブルスでは、右利きの貴男がデュースサイド、左利きの僕がアドサイドでした。こうなった理由は戦術的なものです。貴男はバックハンドに高く弾むスピンサーブのリターンを苦手としていました。左利きの僕ならそこはフォアハンドで叩けるコースです。「アドサイドを守るとそこが2人の弱点になる」と申し出たのは貴男です。

ダブルスを組むときには、**お互いの長所と短所を十分に話し合ってサイドを決める**必要があります。右の例は典型的なケースです。これは一般プレイヤーでも考えるべき要件だと思います。

また性格的には、僕がデュースサイドタイプで、勝負できる貴男はアドサイドタイプです。ところが、僕らの戦う相手はプロです。少しでも弱点があればそこを突いてきます。性格よりもパフォーマンスを重視するのが当然。だから貴男がデュースサイド。僕がアドサイドで戦っていたわけです。

しかし一般プレイヤーの場合なら、**性格を考えてのサイド決めもアリ**だと思います。

肝心なのは、競ったポイントでアグレッシブに攻めたアドサイドがミスしても、デュースサイドが「ドンマイ」と言えること。もし30－40とリードしていれば、ミスしてポイントを失ってもイーブンです。また、40－30から積極的にいって、ゲームを落としたとして

1996 年のアトランタオリンピック。ジュニア時代から組み込んでいた岩渕／鈴木組は1回戦を突破。2回戦でブルゲラ／カーボネル組に惜敗する

も、「サーブキープされただけ」と思えば何でもありません。そういったダブルスのゲーム特性を理解することで、いままでとは違った戦いができるかもしれません。

ダブルスの面白さは、**シングルスのランキングでは格上の選手たちに平気で勝ってしまう**ところでしょう。2人で組み込んで、自分たちのダブルスを出すことができれば簡単には負けないものです。これは高校生でも一般プレイヤーでも同じ。パートナーを見つけたら**しっかりと組み込んで、2人でお互いを補完し合う**本当のダブルスを戦ってください。

Key word
52
ダブルスは強いパートナーを見つけて強くなれ

前のページでは、ダブルスでパートナーと「組み込む」ことの大切さを紹介しましたが、ここでは逆に、パートナーを変えて強くなる方法を考えてみましょう。これは単なるパートナー探しという話ではありません。パートナーを変えることでダブルスが強くなるという話です。

パートナーを探しているときは、**自分よりもレベルが高い相手と組むこと**をお勧めします。そうすることで、パートナーの打つコースや技術を間近で見ることができ、1ステージ上のダブルスを体験できます。いつも2回戦止まりの人なら、パートナーの力を借りることで3回戦、4回戦を戦うことができるわけです。これが**ダブルスに強くなる秘策**です。

1ステージ上のダブルスを戦うと、好むと好まざるとにかかわらず、自分の実力があぶり出されます。なぜなら、相手はレベルが高いパートナーを狙わずに、実力が劣るほうを狙ってくるからです。その狙われるのが、あなたです。そこで、「何ができて、何ができないか？」。本当の実力がわかります。

たとえば、いつもは入るサーブでダブルフォールトの連発が起こったりします。それはレベルが高い相手がレシーバーだからです。相手のリターンにプレッシャーを感じると、いつもは打てるサーブが打てなくなるものです。

それにパートナーに対する遠慮やプレッシャーというものもあります。「せっかく組んでくれたのに……」なんて思うと、腕が縮こまって、ますます本来のプレイができなくなってしまうのです。

しかし、それが大きな収穫です。**試合でできなかったことを普段の練習に取り入れれば良い**のです。家に帰ったらすぐに「できなかったこと」を書き出してください。そして、その項目を重点的に練習してください。漠然と行なう練習と、目的を持って行なう練習の価値は明らかに違います。目的を持って練習することで確実にレベルアップするはずです。

また、試合で感じたプレッシャーも貴重なものです。プレッシャーを感じると、身体がガ

組み込んでお互いのプレイがわかるようになると1ランク上のダブルスを戦うことができる

チガチになってしまったり、頭がぼーっとしたりします。それはいつもの試合では味わえないものです。１ステージ上の試合を経験することで、「あれ？　俺ってこんなに緊張するタイプだったんだ」とはじめて気づくことがあるのです。

逆に、ノープレッシャーで「今日は本当に楽しかったな！」と思う人もいることでしょう。うまい相手と組んで試合に出ることで、そういった本当の**自分の「心」にも気づく**ことができるのです。

ダブルスを真剣に強くなりたいと思っているあなた……明日になったら早速新しいパートナーを探しに行きましょう！

Key word

53

ダブルスは会話して強くなれ

僕は貴男だけでなく、いろんな相手と組んでダブルスを戦っています。戦う中で不思議だったのは、**2人が絶好調の時間がなかなか重ならない**ということです。「良い＋良い」の時間は短く、「良い＋悪い」の時間のほうが圧倒的に長いのです。一方が良くなれば、**一方が悪くなる。試合はその繰り返し。**そこで大切になるのが2人の会話です。

ポイントとなるのは、**好調のプレイヤーが不調のパートナーをポジティブトークで引っ張る**ことです。パートナーがミスしたときの「何してるんだ！」というネガティブな言葉は厳禁。声を掛けるなら「次はこうしよう！」というようなポジティブな言葉を使うべきです。

また不調なプレイヤーも、ミスをしてすぐに**「ごめん」と謝るのはNGです。**「ごめん」を連発するのは、謝って楽になりたいという心理が働いているからです。これでは戦う気持ちが沸いてきません。**ミスしたときは「次は頑張るから」**というのが、最高の言葉です。

また、ダブルスでは大切な局面での会話（作戦会議）がとても重要です。たとえば、サーブゲームで40－30になったときのサーブのコースや、リターンゲームで30－40になったときのリターンからの戦略などは、プレイに入る前に会話して「明確に決めておく」ことをお勧めします。

作戦を決めれば行動がシンプルになります。「次はどうしよう……」と中途半端な気持ちでプレイに入るよりずっと集中できます。次の行動をイメージしてプレイに入ることでミスが減るのです。

また、その作戦で失点したとしても、共通の認識の元で起こったミスは気になりません。オレがオレがの独りよがりなプレイを繰り返すのが最悪。これがダブルスがおかしくなる最大の原因です。気をつけましょう！

引退後は経験を買われてデ杯チームのコーチも務める。 錦織圭がエースのデ杯チームはワールドグループを舞台に戦うところまで成長している

CHAPTER

4

メンタルで試合に勝とう ——オフコートでの実践

心の準備が整っていればコートに入ったら戦うだけ。
どうすれば最高の自分をコートで表現できるのだろうか?
オフコートでも、やれること、やっておきたいことのキーワードはたくさんある。
心を強くするために心がけておきたいことは?

Key word
54
褒める
やる気を引き出す褒め言葉とは？

「敗れはしたけど〇〇のフォアには見所があった」。

ある大会の翌日。新聞には決勝を戦った2人のことが書かれていたそうです。優勝者は雲の上のような存在。２回戦で優勝者に当たった〇〇選手は手も足も出なかったそうです。しかしそれでも最後の一行に当人のことが「見所があった」と記されていたのです。

「その一言がどれだけ励みになったことか、あなたには想像もつかないでしょう」。これは往年の名選手から聞いた話です。とても印象に残っています。その言葉を見つけたときの嬉しさは格別だったことでしょう。

見る人は見てくれている。自分を認めてくれる人がいる。テニス（スポーツ）選手にとってこれ以上モチベーションが上がることはありません。

僕自身は簡単に褒められない時代に育ちました。たいていは怒られてばかりです。だからこそ、時々出てくる「褒められた言葉」が強く心に残っています。

柳川高校時代に坂本真一監督から「岩渕は攻撃を休まない。だから相手は後手に、後手に回るんだ！」と言われた言葉が心に残っています。それまでは身体のおもむくままにプレイしていました。監督の言葉を聞いて「そうか、自分のテニスはそういうテニスなんだ」と初めて自覚したのです。**たったひとつの褒め言葉で自分のテニスを理解する**ことができたのです。

もし、いつも褒められていたら、監督の言葉は心に響かなかったと思います。褒め言葉に慣れてしまうと、言葉を軽く感じてしまうからです。そうなると言葉が心に凍みないのです。

もちろん、褒め言葉はモチベーションを上げてくれます。叱られるより、褒められたほうが気分よく練習に打ち込めることでしょう。しかし、**褒めるだけでは心を強くすることはできません。**叱るときは叱る。褒めるときは褒める。その加減がとても難しいのです。

Key word
55
叱る
やっていい叱り方、やってはいけない叱り方

最近は、「叱る」より、「褒めて」、子どもの能力を伸ばすことが推奨されています。そんな風潮の中、「いいね！　いいね！」で育った子どもたちは、叱られることに慣れていません。また、叱ることに大人も慣れていません。

感じるのは、**「叱られて伸びる力」**、**「叱って伸ばす力」**の両方ともに弱くなっているということです。

叱られ慣れていない子どもは、すぐに「無理」という言葉を使います。本当に無理なのか試してもいないのに、無意識に「無理」という言葉が出てしまうのです。ある研究によると「無理」と言った瞬間に、脳がその言葉に反応して身体が動かなってしまうそうです。**テニスをやる上で最大のネガティブワードが「無理」の二文字**なのです。

高校時代には「振り回し30分」なんて理不尽な練習がありました。そんなこと普通に考えたらできるわけがありません。すぐに「無理」と思ってしまいますが、でも、その無理なことを……なぜかやり切ることができるのです。

無理（限界）だと思っているところが本当の限界ではないということです。

まず「これ以上できるわけがない」と心の限界がやってきます。だけど本当の限界（身体の限界）はその先にあります。ナダルのコーチの「銃を向けられたら走れるはずだ！」という叱責は有名です。死ぬ気になったらまだまだ力は残っていると言うのです。それが**火事場の馬鹿力**と言われるものです。

そんな練習をやっていた高校時代。夏のインターハイには信じられないくらいの自信を持って臨めました。**「あんなに苦しい練習をしたのは俺たちくらい。負けるわけがない」**という気持ちがあったからです。

無理と思った先に本当の限界があります。しかし、それは自分が限界を超えた経験をしていないとけっしてわかりません。ムチャクチャなことができるのは高校生くらいまででしょう。一度でかまわないので、無理をして（させて）みませんか？

Key word

56

目は口ほどにモノをいう

はい、これわかる人？　ハイ、ハイ、ハイと生徒全員が手を挙げます。本当にわかっている子どもと、本当はわかっていない子どもはすぐにわかるそうです。「わかっている子どもの目はキラキラしてるんだよね！」。これは教師をしている友人に聞いた話です。

また、こういう話もあります。グランドスラム大会で相手に大きくリードされた選手がバスルームブレイクを取ったときのエピソードです。その選手が鏡に映る自分に「お前はまだ戦えるか！」と聞いたところ、鏡の中の自分は「もちろん！」と答えたそうです。コートに戻った選手は奇跡的な逆転勝ちを収めました。試合後に勝因を聞かれたその選手は**「目がまだ死んでなかったから」**と言ったそうです。

目は心の窓と言われます。また、目は脳が露出した部分という捉え方もあるようです。

目の色が違う、目に勢いがある、目が死んでいる……目に関連した慣用句はいっぱい。**心の状態が目に現れる**のです。

試合をしているときには、無意識に相手の目の色を窺《うかが》っているものです。戦闘的な目、醒めた目、諦めた目。逆境でも諦めていない相手の目はギラギラしています。こういう相手は油断できません。またリードしていても、キョロキョロと目が泳いでいる相手は集中できていない証拠。一踏ん張りすれば逆転することができるかもしれません。

試合に勝つためには、相手の心理状態を観察することが必要不可欠です。**心がダウンしつつある相手のサインは見逃したくない**ところです。

ラケットを投げたりするのはわかりやすいサインです。また、それまでのサーブのリズムを崩して、ファーストがフォールトした瞬間に、セカンドの構えに入るのも異変の兆候です。

もし下を向いたまま、こちらに視線を送らなくなった相手がいたらチャンスです。それは目の色を敵に見せたくないサインだからです。

Key word

57

アドバイスをもらうときの心構え 聞き上手だった錦織圭選手

錦織圭選手の最初のコーチは柏井英樹さんでした。錦織選手の才能にびっくりした人です。柏井さんは錦織選手についてこう言っています。

「圭は100人に1人のボールセンスとゲームセンスを併せ持った子どもでした。そうすると100×100で1万人に1人ということになりますね。とんでもない才能を持った子どもがいるもんだと思いました。だから、その才能を伸ばすことだけを考えて、テクニック的な細かいことは一切言いませんでした」。

ジュニア時代の錦織選手は、「あのサーブを直さないと世界では通用しない」ともっぱら言われていました。しかし、柏井さんはサーブを直そうとはしませんでした。相当批判もあったことでしょう。錦織選手は日本の将来を担う選手と期待されていたからです。柏井さんは錦織選手のテニスセンスがあれば「いつか修正する」と直感していたからです。柏

いまの錦織選手は200キロを越えるサーブを打ちます。もう誰もサーブが弱点とは言いません。柏井さんの指導は間違っていなかったのです。

テクニック的なことにはおおらかだった柏井さんですが、口を酸っぱくして伝えていたことがあります。それが**人と接する態度**です。全国区になった錦織選手にはいろんな人がアドバイスをしてきます。島根育ちの純情だった錦織少年は、誰かもわからない人からのアドバイスに困惑したことでしょう。

そのときに柏井さんは、「アドバイスをしてやりたいと思われる選手でいることは幸せなこと。**もらったアドバイスには必ずそのコーチが必要・重要と感じた要素が入っている。**だから人よりも多くの情報を得られていると思って感謝しなさい」と言ったそうです。

錦織選手がデ杯チームに加わったときに感じたのは、「話を良く聞く選手だな」ということでした。わかり切っていること、彼からすればレベルが低いことでも、しっかりと話を聞こうとする態度が印象的でした。これは小さい頃から、両親やコーチに授かった財産だと思います。

錦織選手は「聞き入れる力」を持っているのです。それは強くなってからも変わりません。マイケル・チャンをコーチに招いてから、飛躍的に成績が伸びたのも聞き入れる能力が高かったからだと思います。

スポンジが水を吸い込むように、いろんな刺激やアドバイスを取り入れながら錦織選手は世界のトップまで成長しました。彼は100人に1人のボールセンス、ゲームセンスだけでなく、**アドバイスを取捨選択する能力が誰よりも優れた選手**と言えるでしょう。

いま僕は明治大学の強化コーチを務めていますが、感じるのは「聞き上手な学生が伸びる」ということです。聞き上手は、単にアドバイスを聞いているだけではありません。言われたことを自分なりに考えて、試行錯誤する姿があります。何も考えずに、言われたことだけ機械的にやっている学生との差は明らかです。

いろんな人からアドバイスをもらうのはジュニアや学生でしょう。真剣に取り組んでいる選手ほどアドバイスをもらう機会は多くなります。大切なのは、もらったアドバイスを心に留めておくことです。そのときにはピンと来なかった言葉が後に光り輝くことだってあるのです。

Key word

58

「燃え尽き症候群」と「自分で考えられない症候群」

テニスに関しては優等生タイプ。コートでは控えめで無口。だけど言われたことはサボらない。それがジュニア時代の僕だったと思います。

小学校の高学年になると、期待されていたからか、いろんな人から様々なアドバイスを受けるようになりました。何も考えていないジュニアにとって、そんな他人のアドバイスが耳に入るわけはありません。ほとんど聞き流していたと思います。

助かったのは、ホームグラウンドのSSCの指導が適切だったということです。SSCでは、基礎的なことを教えた後は、テクニック的な細かいアドバイスはほとんどされませんでした。特に得意だったフォアハンドはもうスルー。苦手だったバックハンドは、コーチにしてみれば突っ込みどころ満載だったと思いますが**「それじゃダメだ！」という言い方をされた記憶はありません。**個性を伸ばすことも重視していたのです。

ＳＳＣで教わったのは、「どんなアドバイスでもいったん受け入れる」ということです。このコーチの言っていることのどこが自分に役に立つか……それをいつも考えていました。大事なのは、そういった**アドバイスを取捨選択できるかどうか**です。

ジュニアはいろんな人からいろんなアドバイスを受けます。親とコーチで、言うこと（アドバイス）が違っていることもあるし、昨日と今日でコーチの言うことが違っている、なんてこともあるでしょう。ジュニアはそうしたアドバイスの板挟みになって悩むのです。

一般的に親は**すぐに結果を求める傾向**があります。一方コーチは**将来的な設計図を描きながら指導**に当たっています。そこにギャップが生まれます。そのギャップが大きくなって心の許容範囲を超えてしまうと、「もうテニスなんて嫌だ！」という**バーンアウト（燃え尽き症候群）**が出てしまいます。

また反対に、親やコーチからの「オーバーコーチング」、「オーバーアドバイス」を受け入れてしまうと**「自分で考えられない症候群」**の典型的日本人アスリートが出来上がってしまいます。

適切なアドバイスほど難しいものはありません。**そこに正解がないからです。**同じアドバイスでも、心に響くときと、何も残らないときがあります。アドバイスを受けるタイミングや受け取る側の意識で、同じ言葉が、毒にも薬にもなるということです。

自分の経験からひとつだけ言えることがあります。試合に負けた直後に「何をやってるんだ！」という言い方は絶対に避けるべきです。試合を外から見ていると欠点を見つけるのは簡単です。特に負け試合になると、ダメなところが気になって仕方ありません。「あれもダメ、これもダメ」と言いたくなる気持ちもわかりますが、**落ち込んでいる選手にネガティブな言葉を吐き続けるのは明らかにマイナス。何の足しにもなりません。**

親や指導者が留意するべき点は別のベクトルです。負け試合の中でも必ず良いプレイがあったはずです。そこを頭に留めて言葉にしてください。ひょっとしたら欠点を直すより、そうした長所を伸ばしたほうが将来につながるかもしれないからです。

Key word

59

強くなるためにグッドルーザーとなろう！

逆転負けした経験は誰でもあると思います。ましてや、何回もあったマッチポイントを決めきれなくての逆転負けは一生忘れられません。僕にも痛恨の逆転負けがあります。そのときの心理はこうでした。

2000年の全日本選手権です。準決勝の相手は権伍喜選手。権選手には負けたことがなく、試合前から「負けないだろうな」、「本村さんと決勝を戦える」なんて思いながらの試合でした。

しかし、試合は接戦となってファイナルへ突入。それでも5－4として40－15のマッチポイント。いけなかったのは40－15になったときに「やっと勝てる」と思ったことでした。**もう「大丈夫だ」と思ってしまった**のです。

積極的に打って出たショットをまさかのランニングパスで切り返されて、そこからおかしくなったのです。心の中で「**逃した**」という気持ちが大きくなって動揺してしまい、**最後まで気持ちを切り替えることができなかった**のです。

相手はもう負けてもともとの気持ち。まさにナッシング・トゥー・ルーズ。こちらは「逃した」の気持ちでイライラするばかり。こんな精神状態では勝てるわけがありません。この逆転負けは、ずっとネガティブな印象として心に残ってしまいました。

それでは逆転負けしてしまったときにはどういう行動をすれば良いのでしょうか？

負けた瞬間に「ラケットを投げる」、握手するときに「相手と目を合わせない」、試合後に「さっさと会場から消える」などは明らかにダメな行動です。そうしたネガティブな行動を取ってしまうと、**ダメな自分の姿がずっと心に残ってしまいます**。そのイメージは厄介なものです。次の競った試合のときにトラウマとして、ダメな自分が、ひょっこりと頭をもたげてくるからです。

そうならないためには、悔しいかもしれませんが、負けた相手をしっかり讃えるようにしましょう。どんな試合でも負けたときは負けの現実を認めることが大切です。**負けて強くなる。グッドルーザーを心がけましょう。**

Key word

60

気持ちを「切り替えて」次のプレイに入ろう

サッカーの試合を見ていると、「切り替えろ！」という言葉をよく耳にします。点を入れられて意気消沈する仲間がいたときに、必ず誰かが「切り替えろ！」と叫ぶのです。

負の連鎖を断ち切るためには心の切り替えが重要です。大切なのは、終わった過去ではなく、これからの現実です。すでに終わったプレイに対して「ああすれば良かった、こうすれば良かった」と考えたり、先のプレイに対して「ああしよう、こうしよう」と考えることは、**目の前にあるプレイに対する集中力を散漫**にしてしまいます。

スポーツ心理学では、集中力を妨害する要因として、**済んでしまった過去に捕われることや、まだ起こっていない近い未来の出来事に注意が向いてしまう**ことがNG項目に挙げられています。

テニスに置き換えると、前者は、イージーミスをいつまでも引きずったり、ミスジャッジに気を取られたりすることです。また後者は、もしここでポイントを失ってしまったらとか、またミスしたら……とあれこれ考えてしまうことです。そんなことを考えていたら集中なんかできません。

何か良くないことが起こったときの最適の解決方法は、**意識や注意を次の局面（ポイント）に切り替える**ことです。

トッププロの試合をテレビ観戦していると、凡ミスしたときや、長いラリーでポイントを失った選手が、間を取ってタオルで汗を拭いている姿を目にすると思います。彼らは、そのとき、自分自身に「切り替えろ！」と心の中で叫んでいるのです。

日本のテニス界には『この一球は絶対無二の一球なり』の名言があります。心が折れそうになったとき、恐怖に襲われたときは、この言葉を思い出して次のプレイ、次の一球に集中しましょう。

Key word

61

松岡修造さんに学ぶ

みなさんには日本でいちばん熱い男と思われている松岡修造さんですが、僕らテニスプレイヤーの印象はまるで違ったものです。修造さんは自著で「僕は熱血と称されることが多いのですが、自分のことをけっして熱いと思ったことはありません。どちらかというと冷静にものごとを考え、地道に進んでいくタイプだと思っています」と語っています。それが僕らの中にある修造さんのイメージです。

修造さんは日本男子選手のパイオニアです。最高ランキングは世界46位。世界で戦う唯一無二の男子選手でした。1995年にウィンブルドン・ベスト8になったときの僕は20歳。憧れと言うより雲の上の存在。そして、一人で世界と戦った修造さんがいなかったら、間違いなくいまの錦織圭選手の存在はありません。これは断言できます。

世界にたった一人で挑んでいった修造さんにはお手本がいませんでした。やること、なすこと、すべてが手探り状態です。**「どうすれば強くなれるのか?」。それだけが修造さんの指針だったと思います。**ジム・レーア氏のメンタルトレーニングを真っ先に取り入れたのも修造さんです。

修造さんがやってきたことがいまの男子テニス界に受け継がれています。修造さんが主催する『修造チャレンジ』で力を入れているのは「世界で戦うためにはどうする?」という心の部分です。それは修造さんが現役時代にもっとも四苦八苦した部分。**心が弱かったら世界では通用しない。**それを修造さんはジュニアたちに口を酸っぱくして伝えているのです。

小学生時代に出会った錦織選手のことを、陰になり日なたになり、ずっと見守っていたのが修造さんでした。錦織少年の才能は光っていました。しかし世界で戦うためには、自己アピールに乏しい心を何とかする必要がありました。厳しく指導したのは、そういったメンタル面だったのです。

錦織選手がプロになってからの修造さんは常に応援団の役割に徹しています。修造さんは「圭は日本テニスの宝です」、「圭は僕の先生です」と言ってはばかりません。何て素敵な先輩でしょう。

Key word

62

アドバイスを聞く力を身につけよう！

強烈に印象に残っている言葉があります。

「そこの左利きの君。そのフォアは世界では通用しないよ！」

14歳のときに松岡修造さんからこう言われたのです。

当時ナショナルテニスセンターがあった久我山で、テニス協会主催のトップジュニアキャンプ（合宿）が開催され、14歳だった僕も参加メンバーでした。そこに練習に来ていたのが現役時代の修造さんです。修造さんは8つ年上なのでその当時22歳。ランキングも100位を切り、世界で戦うただ一人の男子選手。もう僕らにとっては憧れ以上の存在です。その修造さんから得意のフォアを全否定されたのです。

修造さんに打ってもらえる嬉しさから、僕は調子に乗って打ちまくっていました。そこで言われたのが「そこの左利きの君……」の一言でした。
言葉の意味がまるで理解できませんでした。理解できなかったのに、「どういう意味ですか?」と聞くことができないまま、「通用しないよ」=「ダメ」と思ってしまったのです。**せっかくアドバイスをくれたのに、そのアドバイスの真意を聞くことなく、何にも役立てることができなかった**のです。

「通用しないよ」の言葉は鮮明に覚えています。しかし、それより重要だったのは、その前の「世界では」という部分だったのです。それは後から気づいたこと。修造さんは僕のフォアを見て「世界」という言葉を使ってくれたのです。それは修造さんが僕のフォアに可能性を感じてくれたということです。14歳だった僕は、修造さんの言葉に何の反応もできなかったのです。

自分の**心がもっと強ければ「どういう意味ですか?」と聞き返すことができた**と思います。世界を知っている修造さんからさらにアドバイスをもらっていれば、その後の練習でどれだけ励みになったかわかりません。得意なフォアがもっと良くなっていた可能性もあります。引っ込み思案な心がみすみすチャンスを逃してしまったのです。

プロになってからも修造さんは別格でした。デ杯で同じチームにいても「僕らとは違う人」という感じで見ていました。修造さんはテニスへの取り組み方が本当にプロフェッショナル。練習、トレーニング、食事……周りにいると、「これだけやらなければ世界では通用しないのか！」と思う半面、その修造さんですら世界では苦労していたのです。

僕らは「修造さんでもこんなに苦労しているんだ……それじゃ世界のトップはどれだけ大変なんだ」と率直に思いました。そんな修造さんの背中を見て、僕らも真剣にテニスに取り組むようになったのです。

修造チャレンジの合宿に参加した錦織少年に、修造さんが常に厳しく言っていたのは、テクニックのことではなく、テニスへの取り組み方でした。錦織選手は、修造さんに**テニス選手としての心の部分を鍛えられた**のです。それがいまのランキングにつながっているのです。

Key word

63

テニスノートで継続する力を強くしよう

部活に入ると、日々どういう練習をしたのか記録することを勧められます。いわゆる部活日記。テニスなら「テニスノート」です。中には、子どもとノートをやり取りしながら気づいたことを書き添えてくれる熱心なコーチもいます。いまジュニアスポーツ界では、○○ノートを書くことが推奨されています。

人間は忘れる動物です。だからこそ日々行なったこと、試合で感じたことを書き残すのは悪くありません。また、**後から読み返すことで、そのときには気づかなかったことに気づく**こともあります。

記憶には濃淡があります。高校時代の仲間と昔話をするときなど、自分はすっかり忘れていることを仲間は詳細に覚えていたりします。また、プロになってからも、「ジュニア時代に初めて対戦したときは……」なんて話をされて、まるで覚えていないこともあります。逆に、「あそこのポイントを取れていれば」と振ったときに、「そんなことあったっけ？」と流されてがっくりすることもあります。

たいていは、「勝った相手（試合内容）のことは覚えていないけど、負けた相手（試合内容）のことはよく覚えている」ものです。勝った試合は印象に残りませんが、負けた試合は強く印象に残ります。そして負けた「あの一本」のことを覚えているから、強くなろうとするのです。**記憶に残すことで自分の課題、これからの目標を明確にすることができる**のです。そうした観点からも日記をつけることはお勧めです。

また日記をつけることにはもうひとつの効果があります。それは「決めたことをやり通す」……その心を育てるということです。

強くなるための法則は、コツコツと練習を積み重ねることです。強くなるためには、**小さなことを継続する心が必要**です。それが決めたことをやり通すということ。日記をつける行為はその訓練になります。

しかし、書けない人が書き続けるようになるのは大変です。心を変える必要があるからです。だから最初は「今日は何時から何時まで誰と練習した」で構いません。**大事なの**

は内容よりも続ける習慣付けです。継続することで弱い自分の心から脱却できるかもしれません。

こんなことを言っておきながら僕は日記を書けませんでした。何度もトライするのですが、その度に失敗。1月、2月だけ書き込んで、3月から先が真っ白の日記が何冊も残っています。これは本当に残念でなりません。ちゃんとつけることができていれば、自分の課題がもっと明確になって、練習に反映できたかもしれません。それに、18歳の自分が何をやって、何を感じていたのか？　20歳の自分は？　25歳の自分は？　それを振り返る術がないのです。

三日坊主に終った僕からのアドバイスで恐縮するばかりですが、コツコツ続ける習慣付けのためにも、明日からテニスノートをスタートさせましょう。

Key word

64

ショートゴールを積み重ねて最速の上達を目指そう

プロになったときの目標に「世界の100位」というものがありました。しかし、それは18歳の少年が抱くただの夢。具体性がまったくない目標でした。100位になるといっても「どうするか?」のアイディアがなかったのです。100位になるためには何をすれば良いのか、なんてまったく考えていませんでした。もしそこで、もっとしっかりした自分があったら……というのがいちばんの後悔です。

目標(夢)を達成するためには、小さな目標(ショートゴール)を積み上げていく方法が有効とされています。いきなり最終ゴールを目指すのではなく、目の前の目標を順次クリアしていくという方法です。これは一般プレイヤーにも流用できる上達法です。

うまくなるための最適の方法としては**「最初の目標を高くしない」**ことをお勧めします。あえて高いハードルを設定せずに、まずは、自分にとっていちばん楽な課題を設定するのです。

たとえば「10球連続ネットを越す」でも構いません。それがクリアできたら二番目に楽な課題を設定します。「ネットを越えてベースライン深くに打つ」でいいでしょう。このように、自分にできる範囲のことを、一つ、一つクリアしながら、**課題の難易度を少しずつ上げていく**のです。

この方法は自分の本当の実力を知るときにも使えます。この手順を踏んで、徐々に難易度を上げていくと、どこかでピタリとできないことが生じます。そこがあなたの「いまの実力」ということです。この「できないライン」がわかれば、そこを重点的に練習すれば良いわけです。それが無駄なことをせずに、上達する早道といえます。

試合であれば、コーナーを狙おうとか、思い切りボールを叩こうとか、高度な課題を設けないのが勝利への近道です。コーナーに打つ、ラインを狙う、スピードボールを打つ……そんな普段の練習でもできないことが緊張状態の試合でうまくできるはずがないからです。すべきことは、ただネットの上を通すこと……**いちばん簡単な課題に徹したほうが勝つ確率は高く**なります。

それに簡単なことを続けていると、だんだん調子が良くなることがあります。集中力が高まってくるのです。そんなときは、それまでの課題に次のテーマを1つ付け加えてみてください。

たとえば「相手のバックにボールを集める」、「リターンの凡ミスだけは絶対にしない」……これならストレスを感じることはないはずです。アマチュアなら、ネットを越えて（1の課題）、相手のバックに（2の課題）をクリアするだけで、たいていの相手には負けないはずです。

Key word
65
団体戦で最高の試合を経験する理由

個人戦では（負けてもいいや）と逃げることもできますが、団体戦は逃げられません。だからこそ団体戦で自分最高のプレイができることがあるのです。逃避することができずに、必然的に戦闘モードに入るからです。言い換えれば**潜在的な力を発揮しやすいのが団体戦**ということです。

高校2年時の宮崎インターハイ団体戦決勝は印象に残っています。僕が鈴木貴男に負けてチームには後がありません。個人的にはナンバー1の立場で負けてチームに迷惑をかけたという気持ちでいっぱいでした。しかしチームが逆に奮起してくれたのです。「もう俺たちが勝つしかない」という雰囲気が出ました。そしてその空気が広がって応援も凄いものになっていきました。大会前はメンバーと控えの温度差がありましたが、最後のダブルスではチームに結束力が出て「負けるわけがない」と思えました。

もうひとつはデ杯のダブルスです。デ杯では、当日に外された経験もあるし、起用された経験もあります。印象深いのは、僕が起用されたことで外されたトミー嶋田の応援です。誰よりも声を出して僕を鼓舞してくれたのがトミーでした。トミーだって外されたことは悔しかったと思います。しかし彼は**微塵もマイナスのオーラを発しません**でした。そういう空気をコートにいるプレイヤーは敏感に感じ取ります。僕が試合でベストパフォーマンスを発揮できたのはトミーの応援があったからです。「チームで勝つ」。このことを誰よりも強くイメージしていたのがトミーだったのです。

団体戦のメンバーに選ばれたらもう覚悟するしかありません。それは勝ち、負け、チームの力になれる、なれないではなく、**「覚悟」を持って戦うということ**です。100%出し切ることで、勝ったとしても、負けたとしても、生涯心に残る最高のテニスができるのです。

Key word
66
練習で「できる」ことが試合で「できない」のはなぜか？

答えは簡単です。試合できないということは、それがニセモノだからです。ニセモノのショットを積み上げても、それはニセモノでしかないということです。

「できる」ということは筆跡のようなものです。何回書いても同じように書ける。これが「できる」ということです。

目標の設定を明確にしていないと、ニセモノに気がつかないことがあります。試合では、きっちりとスピンサーブを打てないと勝てないのに、練習で、いい加減なスピンサーブが入ると「これでいいや」と勘違いしてしまうのです。本当に「できる」ということは、何回やっても、練習、試合とステージが変わっても、同じことが毎回再現できるということなのです。

「できる」と思っていても、場（ステージ）が違うと「できない」ケースはよく見受けられます。**「練習では打てたのに試合になると打てなかった」**というのが、典型的なケースです。

プロ選手は、自分のスキルがオートマチックに発揮できるまで、何万回と練習を繰り返します。それでもプレッシャーに襲われるとできないことがあります。アマチュアの方は、練習量が少ない上に、10回中5、6回できただけで満足しがちですが、それは本当に「できた」とは言えません。それはまだニセモノのテクニックでしかないのです。

効果が上がるのは、目標を完結させる練習法です。たとえば、あるショットを**10回連続入れると決めたらやり通してください。**9回目で失敗したらまた1回目からスタートするのです。こうするとスキルが上がるだけでなく、集中力も高まりますよ！

Key word
67
親から受ける子のプレッシャー①「親がやってはいけない7か条」

テニスを始めたのは父親の半ば強制でした。父親の夢は「息子をテニス選手にすること」。普段から厳しい父親でしたが、テニスに関してはさらに厳しく、早朝から茅ヶ崎の海岸を走らされる毎日。本当にスパルタで、僕には「嫌だ」という選択はありませんでした。心の中では嫌々やっていた、ということは前にも紹介したとおりです。

ウチの親は極端な例かもしれませんが、とかく**親子の関係が密になりがちなのがテニス**です。野球やサッカーのような団体競技なら、子ども同士、子どもとコーチの関係が成立しますが、個人競技のテニスは、親と子の一対一の関係が強くなります。スクールや試合会場への送迎などが顕著な一対一の時間です。

「試合に負けて帰る車の中が一番嫌だった」という選手仲間がいました。その気持ちはよくわかります。「何だ今日の試合は？」、「あんな相手に負けて悔しくないのか？」、「もうやめてしまえ！」……親はそんな風にも言いたくなってしまうのです。一生懸命な親ほどそういう傾向にあります。

自分が子どもを持つ親になると言いたくなる気持ちがよくわかります。逆に、言われたくない子どもの気持ちもよくわかります。

S級コーチの研修会でも「親と子の関係性」は大きなテーマとして挙げられていました。その中で心に残ったのは、**「子どもとの付き合いではヒントを与えるようにしよう。子どもに答えを考えさせるような会話をしよう」**という言葉です。

言いたいことを全部言うのは明らかにマイナスです。特にテニスは一人で戦うスポーツです。小さな頃から**「自分で考える力」**を植え付けなければ強くなりません。

研修会では、子どもの成長を阻害したり、子どもに嫌気を感じされる「親がやってはいけないこと」を次のようにまとめていました。

親がやってはいけない7か条

1：子どもの不健全なモデルになる
2：子どもに自分のエゴを押し付ける

3：子どもにプレッシャーをかける
4：他の子どもと自分の子どもを比べる
5：他の子どもやチームをうらやむ
6：試合や練習でコーチングの邪魔をする
7：指導者に自分の子どもを売り込む

子どものテニスと真剣に向き合っている親御さんなら、心当たりのある項目が必ずあると思います。それは仕方がないことです。どれも子どものテニスと真剣に向き合えば沸き上がってくる感情ばかりです。右は真剣に向き合った人たちの反省から生まれた7か条だと思います。子どものテニスに悩んだときは、子どもがテニスから離れようとしているとき……そんなときにこの7か条を読み返してください。

Key word
68
親から受ける子のプレッシャー②「親はどうすれば良いのか10か条」

引っ込み思案だった僕は、コーチのことを凄く怖い存在に感じていました。いつも怒られて、泣かされていましたが、怒られながらも子ども心に「この人は本気だな」と感じていました。**子どもは大人が思う以上に敏感**です。口先の大人なんて、すぐに見破ってしまいます。コーチは「これはお前だから言うんだ！」といつも言っていました。誰よりも僕に期待してくれていたことは、十分わかっていました。

ずっとあった「やらされている感」を払拭できたのは、小6で全国小学生大会に優勝してからです。その頃からテニスが楽しくなって、やる気が出てきました。**「やらされている気持ち」から「やりたい気持ち」になった**のです。そうなると口うるさかった父親は何も言わなくなりました。もうコーチに任せきりです。

世界で8位になった杉山愛は同級生です。練習にはママ（プロになってからコーチ）がずっと付き添っていました。周りからすれば、子どものテニスに熱心な母親に見えたかもしれませんが、愛ママの凄いところは、ずっと見ているのにテニスの内容のことには一切言及しないことでした。いつも耳にしていたのは「今日はどうだった？」みたいな会話。べたべたでも放任でもない。２人は本当にいい関係だったと思います。その２人が世界への道を切り拓いたのです。

S級コーチ研修会では、**「自分の子どもを他人と比べない」**……これが大事なキーワードと教わりました。能力が違えばどんなに頑張っても勝てないことがある。そんなときは**「自分の子どもがベスト尽くしたかどうか」**。そこを評価してあげるべき、という言葉が印象的でした。

研修会では、「親は子どものテニスと接するときどうすれば良いのか？」を10か条にまとめていたので紹介しておきます。これらのキーワードは心にぐっと刺さるものがあります。

親はどうすれば良いのか10か条

1：失敗する勇気を引き出す（チャレンジさせる、世話を焼きすぎない）

2：模倣させる（子どもは親の背中を見て育つ。次男は長男の背中を見て育つ）
3：褒めて考えさせることを心掛ける（ヒントを与える）
4：成功のイメージを描かせる（どういう自分でいたいのか）
5：寄り添う存在になる（子どもの安全地帯になる）
6：柔らかな言葉にかえる（お互いに理解し合える言葉で話す）
7：心の中を探る（子どもの声を聞いてあげる）
8：集中させる空気を作る（時間を止めてアドバイスする）
9：数字で刺激する（何が大事か具体性を持たせる）
10：質問して力を引き出す（Qを一緒に考える）

Key word
69
ずる賢い人はテニスが強くなる

テニスが他のスポーツと圧倒的に違うのは、一対一で長時間戦わなくてはいけないという点です。コートの中では誰も助けてくれません。まさに「戦い」です。しかし、頭に入れておいてほしいのは、テニスには「戦い」という側面とは別に「GAME」という顔があるということです（22ページ参照）。

「GAME」は「楽しむ心」と解釈しても構いません。試合をするときに、「何でこんな苦しいんだ」と思ってやるのと、「何て楽しいんだ」と思ってやるのでは、当然、やり甲斐も結果も違ってきます。**数あるスポーツの中でもゲーム性が高いと言われているのがテニス。プレイを楽しまない手はありません。**

最高にテニスを楽しんでいるのが錦織圭選手です。楽しんでいるから見ている僕らも彼のプレイに惹き込まれます。

錦織選手の試合を観戦していると「そこでそんなショットを打つのか！」という場面に遭遇します。そして「よくそんな発想が浮かぶな！」と思わずニヤっとしてしまいます。それは世界中の人が共通して感じていること。だから彼の試合はいつも超満員。錦織圭のテニスは圧倒的に「面白い」のです。

昔から、テニスに向いているのは「ずる賢い人」と言われます。世間ではあまりいい意味で使われることがない「ずる賢さ」が、テニスという競技では大事だと言われているのです。

テニスでいう「ずる賢さ」は、客観的に物事を観察できているということです。ある状況で、相手のことも、自分のことも、どうなっているか的確に判断できる人がテニスに向いているのです。それがまさに錦織選手なのです。

一般プレイヤーでも強い人は相手のプレイをよく観察しています。勝利に執着して「自分のことだけに集中」という考え方もありますが、テニスをより楽しむためには、自分の集中を高めながら、相手のことも観察する姿勢を持ちたいところです。

Key word
70

「あがり症」を克服しよう
試合になると緊張していつものプレイができない人

練習では強いのに、本番では弱いという選手がいます。試合になると、胸がドキドキしたり、手や足が思うように動かなくなって、いつもの力を出し切れないタイプ。いわゆる**「あがり症」**というやつです。

一方で、あまり、「あがり」を感じないという人もいます。人から見られたほうが「いつもよりうまくいく」という本番に強いタイプです。

試合で力を出し切れないタイプは「あがり」を克服することが必要不可欠です。では、どうすれば克服できるのでしょう？

「あがり」を生み出す要因は様々です。人に見られている、勝ちにこだわっている、周囲から期待されている……いろんなことが心の中で複雑に絡まって、いつものようなパフォーマンスを発揮できなくなるわけです。これはスポーツに限ったことではありません。大勢の前でスピーチをするときに「あがり」を経験した人は少なくないでしょう。特別な状況に置かれると、人はあがってしまうのです。

あがり症の人に、「そんなにあがらなくても大丈夫だから」と言っても無駄です。あがり症の人は、コートに入る前から強いプレッシャーを感じています。「あがるな」と言っても、あがるものはあがるのです。

高いパフォーマンスを発揮するためには、「身体の調子がよく」、「全身に闘争心がみなぎり」、「負ける気がしない」……などの要素が必要だと言われます。「あがり」はこれらの要素をすべて吹き飛ばしてしまいます。だから厄介なのです。

「あがり」を克服する一番簡単な方法は「あがらないようにする」ことです。何をバカなことを……と言われそうですが、「いつもやっていることをしよう」と思って、コートに入ることが大切なのです。いつもの自分を出そう。それがもっとも簡単で、無理のないあがり克服法です。

具体的には**勝っても負けてもＯＫ。とにかくベストを尽くそうの気持ちでコートに入ることをお勧め**します。本番の試合を練習試合と思って戦うのもいいでしょう。周りも**「絶対に勝って」**というのではなく、**「勝ち負けは気にするな」**とコートに送り出しましょう。

僕自身、試合前は凄く緊張するタイプでした。試合を待っているときは、いろんなことを想像してドキドキします。しかし、試合前に緊張することで、コートに入ったら逆に心が楽になって、ボールを打ち始めたら、他のことはまったく気にならなくなりました。**ボールを打つことだけに集中するのも「あがり」を外に追い出すのに有効な手段**だと思います。

また「あがり症」は、あがりを何回も経験を重ねることで、自然に解消していくことが知られています。「昔は結構あがっていたけどいまはぜんぜん」と言う人はあなたの周りにもいっぱい、いるはずです。こういう人は「あがり」とうまく付き合えるようになっているのです。「いまはあがっているけどそのうち直るさ」、「あがってもたいしたことない」くらいの楽天的な気持ちで戦ってみたらどうですか？

Key word

71

試合前日の上手な眠り方

子供の頃から「8時間は睡眠をとりましょう」と言われて育ってきた僕たちです。しかし、実際に8時間の睡眠時間を確保するのは、大人も子どもも大変。部活をやっている中学、高校生だと帰宅してから勉強もしなくてはいけないし、朝練でもあればとても8時間も寝る時間はとれません。ある調査によると、日本人の平均睡眠時間は平日だと7時間14分だそうです。みなさんの睡眠時間はどうですか？

「明日は試合」となると興奮もあってなかなか寝つけません。いつもは夜中の1時まで起きている人が10時に寝ようとしても難しいものです。早く寝なければ、と思えば思うほど目が冴えてきたりします。しかし、試合前日にそれでは困ったもの。どうすればうまく睡眠をとることができるのか考えてみましょう。

睡眠には個人差があるものです。8時間寝ないとダメという人もいれば、6時間で十分という人もいます。まずは試合前日でもそのリズムを崩さないことです。

また別の研究によると、英単語や語彙など記憶するときは、7時間睡眠を取ったグループの点数がもっとも高く、次が6時間睡眠のグループ。6時間以下だと低下。8時間以上でも低下するとのことなので、**「脳の働きをマックスにするには6～7時間の睡眠をとる」**ことを推奨しています。

と言うことは、試合の前だからといって「よーし、今日は10時間寝るぞ！」と意気込むことはないということです。

試合の日に大切なのは、起きる時間をはっきりと決めて睡眠に入ることです。たとえば、6時に起きると決めたのなら11～12時には寝るような行動にすべきです。そうすれば、6～7時間の理想的な睡眠時間をとれます。

そして次に大切なことは、起きてから何時間後に試合に入るかという計算です。**最低でも起床から3時間以上は必要とされています。**たとえば、10時からの試合だったら、6時に起きれば4時間経過。これなら身体の準備はもう整っていることでしょう。

とは言っても、試合前日にうまく寝ることができないことがあります。僕も「試合前日不眠症」で一時期悩んだことがあります。「寝なくちゃ」という思いが強すぎるあまり、逆に目が冴えてしまって寝入ることができず睡眠不足。「3時間しか寝ていない。こんなんじゃ勝てるわけない」と、試合前からメンタルをやられていたのです。そうなると試合で調子が出ないときに「寝不足だから……」と心の中で言い訳に走ってしまいます。睡眠不足がネガティブな思考と結びついて、もう頑張ることができなくなるのです。

この症状から脱却したのは**「身体を横にしているだけで休めている」**という話を聞いてからです。**「そうか、無理に寝ようとしなくていいんだ」**と考えるようになってからはぐっすりと寝れるようになりました。ちょっとしたきっかけで心が変わってしまったのだから、本当に不思議なものです。

「うまく寝る方法」を検索すると、様々な方法が紹介されています。入浴法でも、アロマを活用するでも構いません。いろいろ試して、自分に合った方法を探っていきましょう。

Key word

72

試合には試合用のラケットを準備しよう！

トッププロの試合をテレビ観戦していると「ラケットをよく替えるな〜！」と思う人が多いと思います。アマチュアの方なら「あんなに替えて大丈夫なの？」と逆に心配になる人もいることでしょう。なぜなら、「これが最高」という勝負ラケットがあるからです。

錦織圭選手はボールチェンジのタイミングでラケットを交換します。理由は、いつもフレッシュな状態のラケットを使いたいからです。同じウエイト、同じバランスのラケットを何本も用意できるトップ選手ならそれが可能だし、それが必要なのです。彼らの感覚は抜群に繊細です。ちょっとしたストリングスの緩みがパフォーマンスに影響してしまうのです。

とは言っても、アマチュアの方が試合用のラケットを5本も、6本も備えることは不可能です。現実的には、ラケット2本といったところでしょう。中には「どうせ切れないから……」とラケット1本という人がいるかもしれませんが、それだけはやめてください。

ルール上、1本しかないラケットのストリングスが切れた場合は、もうそのラケットを使うことはできず、失格となってしまうからです。

草トーナメントを戦うアマチュアの方なら、ラケット2本でも構わないと思います。ただし、真剣に戦いたい（テニスを上達したい）のなら、**2本とも同じ状態のラケットを用意**すべきです。

僕がやめてほしいと思うのは、A（勝負ラケット）とB（予備ラケット）がまったく別のメーカー。また、同じメーカーの同ブランドでも、A（勝負ラケット→張り替えたばかり）とB（予備ラケット→1年前に張った）という無頓着さです。

プレイするのはあなた自身。試合は最高の状態で臨みたいはずです。試合は練習の何倍にも匹敵する上達の場です。そんな貴重な場所で、まったく性質の違うラケットを使っていては、プレイがうまくいかなくなったときも、「何が良くて、何が悪いのか？」……それさえわかりません。場合によっては、負けた理由をラケットのせいにしかねません。

真剣に試合に臨むのなら、せめて、同じラケット（ストリングスのテンションを含め）を用意しましょう。切れていないストリングスを張り替えるのは勇気がいることです。しかし、それでも試合用にあえて「用意した」という気持ちが心の高揚感を生むのです。

Key word

73

試合前に完璧な準備をしてコートに向かおう

予想外に長い試合になったときに、「ストリングは切れないかな」、「ドリンクは足りるかな」と不安になったことはありませんか？　そんな**些細なことで試合に集中できなくなったら明らかに損です。試合に集中するためにはコートに入るときは完璧な準備をしたい**ものです。

準備は前の晩に行ないましょう。当日の朝は、確認作業くらいでOKというくらいの備えを心がけるべきです。ラケット、シューズ、ウェアなどは忘れないと思いますが、うっかりしがちなのが小物（サプリメント、グリップテープ、テーピングテープなど）です。そうした小物は、別の袋にひとまとめにしてトーナメントバッグにいつも入れておくようにしましょう。

また、グリップテープも前の晩に新品に巻き替えるようにしましょう。巻き替えるという「行為」が大事なのです。汚れたグリップテープのラケットと、新品のグリップテープのラケットでは気分が違います。試合コートでラケットを取り出したときに「ちゃんと準備したぞ！」という気持ちで戦闘モードに入れます。こんな小さなことが試合に入るときには大事なのです。

意外に準備を忘れがちなのが替えのソックスです。特に真夏の試合では予備のソックスは必需品と言えます。汗の染み込んだソックスは、マメや靴ズレができる原因となります。ラウンド毎に交換することはもちろんですが、長い試合だったらセット毎に履き替えられるような予備のソックスを用意しましょう。

また試合の流れが悪いときや、メンタルが落ち込んでいるときにもソックスを利用しましょう。ソックスを替えることで気持ちも入れ換えることができるからです。

試合中に「そんな悠長な時間はない……」、「相手に悪い」とお思いの方がいるかもしれませんが、ルール上、テニスシューズやソックスを変える場合には、チェンジエンドの90秒にプラスして時間を取ることが認められています。ルールで認められているんですから、あれこれ思い悩む必要はありません。**「何かおかしいな？」と感じたら積極的なソックスチェンジでリフレッシュしましょう！**

Key word

74

水分補給を甘く見るな

さぁ、水でも飲んで落ち着いて……ではありませんが、試合中の水分補給はとても大切です。適切な水分補給することで、運動パフォーマンスを落とすことなく戦えるのです。

かつては「運動中の水分補給は悪いこと」と考えられていました。また飲むにしても「冷たいドリンクはよくない」と言われていました。しかし現在は、**こまめに水分補給すること、冷たい水を摂ることが推奨されています。**科学的なトレーニングを取り入れているナショナルチームでも水分の正しい取り方を学びました。

ナショナルでやっているのは、様々な状況（普通の日、炎天下等）で、練習前と練習後で体重を量ることです。たとえば、練習後に1キロ体重が減っていたら、それは1リットル分の汗をかいたということ。その減った分を水分補給で補うというのが基本的な考え方です。

最高発汗量は1時間あたり1～2キロが標準的とされています。と言うことは、真夏に炎天下で2時間試合をすれば4キロくらいの水分を失うということ。そうなると2リットルサイズのペットボトル2本を準備しなければいけないということになります。

かつては「冷たいドリンクはよくない」と言われていましたが、それは間違いだということが実証されています。**身体がドリンクを吸収しやすい最適な温度帯は5～15度**だそうです。ある研究報告によると、体温並みの水よりも、よく冷やした水のほうが身体への吸収が速く、体温上昇抑制効果も高かったそうです。もちろん、デ杯で戦うときもベンチに用意してあるのはよく冷やしたドリンクです。

もうひとつ大切なのが飲み方です。**一気飲みせずに、少量ずつ何回かにわけて飲むのが基本**です。また自分が飲む量を知っておくも重要です。飲み過ぎると逆に動きが悪くなってしまうこともあるからです。

また、スポーツドリンクは身体への吸収が良いことがわかっています。テニス選手の多くはスポーツドリンクと水を半分に割ったものを用意したり、スポーツドリンクのボトルと水のボトルを交互に飲んだりするのが一般的。いずれにしてもプレイ中の水分補給は甘く見ないでください。特に痙攣しやすい人はこまめな水分補給を心掛けましょう。

あとがき

いろんな場面を楽しむ「心」を養おう

テニスは楽しいスポーツです。練習でボールを打てば爽快感があるし、試合では相手との駆け引きを味わうことができます。これを楽しむことができれば、テニスは最高のストレス解消スポーツと言えます。

しかし実際は、多くの方がプレイすることでストレスを覚えます。心から楽しむことができていないのです。そうなると本来は「遊びのテニス」が「苦しいテニス」となってしまいます。これでは本末転倒です。

本書ではテニスを楽しみながら上達にもつながる「メンタルの強化法」を、様々なエピソードを交えながら紹介しています。

トップアスリートとしてのテニス選手は、勝つために限界を超えるまで自分を追い込みます。そうしないと競技力向上が望めないからです。選手は苦しみながら、心技体のレベルを上げて勝利を得ることを考えます。その道は結構険しいものですが、それを避けることはできません。

僕自身、メンタルの弱さで悩んだ経験があります。悩んだからこそ、「どうすれば克服できるのか」という課題にも真剣に取り組みました。

この本で紹介する「メンタルの強化法」は、テニス選手が行なっているメンタルの鍛え方をバックボーンとしていますが、だからと言って難しく考える必要はありません。一般テニス愛好家の方なら「それは俺には大変……」でまったく構いません。もっと気楽に「これならできそうだ」、「これ使ってみよう」という項目やワードがあったらぜひ取り入れてください。

何より大切なのは、テニスを楽しむことです。楽しむことが上達につながります。テクニックの修得には時間がかかりますが、メンタルの修得には時間はかかりません。それに本書を読んだ方ならおわかりのように「こうなったときは……どうする？」というメンタル的な対処法は簡単に覚えられます。

メンタルが強くなれば、いろんな人生の場面が楽しくなります。そして楽しくなればテニスも確実に向上するはずです。メンタルの向上は、心を強くするだけでなく、テクニックの向上にも繋がる……こう考えて本書を参考にしてください。

【著者プロフィール】

岩渕聡（いわぶち・さとし）

1975年生まれ。神奈川県茅ケ崎市出身。湘南SSC～柳川高校時代を通して日本のトップジュニアとして君臨。柳川高校3年時はインターハイ3冠を達成。卒業後にプロ転向。全日本選手権のシングルスで2度、ダブルスでは日本歴代最高となる8度の優勝を記録。日本代表選手としてデ杯でも活躍。世界での最高ランキングはシングルス223位、ダブルス125位。2009年の引退後は、ナショナルコーチ、明治大学強化コーチ、テレビ解説者として活動中。

【監修者プロフィール】

浮世満理子（うきよ・まりこ）

全心連公認上級プロフェッショナル心理カウンセラー。メンタルトレーナー

大阪府出身。アメリカNYのカウンセラーやジムレイヤー氏に学び、「カウンセリングを日本の文化として定着させたい」とアイディアヒューマンサポートサービスを設立。トップアスリートや五輪チーム、芸能人、企業経営者などのメンタルトレーニングを行なうかたわら、心理カウンセラーやメンタルトレーナーの育成も行なう。2005年、2006年とプロテニスプレイヤー岩渕聡選手を全日本選手権大会で連続優勝に導いたのをはじめ、サッカー、体操、陸上競技、ゴルフ、野球、スノーボード、フィギュアスケート、ボクシングなど多数のトップアスリートのメンタルトレーニングを担当する。2012年、全国心理業連合会、代表理事に就任。『絶対に消えない「やる気」の起こし方』『スポーツで120%の力を出す！メンタル強化メソッド45』（実業之日本社）など、著書多数。

http://www.idear.co.jp/　03-5766-4747

[STAFF]

編集協力　井山編集堂

カバーデザイン　柿沼みさと

本文デザイン　若松隆（ワイズファクトリー）

コート上《じょう》でベストのパフォーマンスを発揮《はっき》する

テニス　メンタル強化《きょうか》メソッド

著　者　岩渕　聡

監修者　浮世満理子

発行者　岩野裕一

発行所　株式会社実業之日本社

〒153-0044　東京都目黒区大橋1-5-1 クロスエアタワー8階

電話　03-6809-0452（編集）

03-6809-0495（販売）

ホームページ　http://www.j-n.co.jp/

印刷所　大日本印刷株式会社

製本所　大日本印刷株式会社

ISBN978-4-408-45555-6

1505(02)